心一堂術數古籍珍本叢刊

書名：《千里命譚》附《增訂命學講義》

系列：心一堂術數古籍珍本叢刊　星命類　第三輯

305

作者：韋千里

主編、責任編輯：陳劍聰

心一堂術數古籍珍本叢刊編校小組：陳劍聰　素聞　鄒偉才　虛白盧主　丁鑫華

出版：心一堂有限公司

通訊地址：香港九龍旺角彌敦道六一〇號荷李活商業中心十八樓〇五一〇六室

深港讀者服務中心‧中國深圳市羅湖區立新路六號羅湖商業大廈負一層〇〇八室

電話號碼：(852)9027-7110

網址：publish.sunyata.cc

電郵：sunyatabook@gmail.com

網店：http://book.sunyata.cc

淘寶店地址：https://sunyata.taobao.com

微店地址：https://weidian.com/s/1212826297

臉書：https://www.facebook.com/sunyatabook

讀者論壇：http://bbs.sunyata.cc/

平裝

版次：二零二零年十一月初版

定價：港幣　　一百三十八元正
　　　新台幣　　五百六十元正

國際書號：ISBN 978-988-8583-48-5

版權所有　翻印必究

香港發行：香港聯合書刊物流有限公司

地址：香港新界大埔汀麗路36號中華商務印刷大廈3樓

電話號碼：(852)2150-2100

傳真號碼：(852)2407-3062

電郵：info@suplogistics.com.hk

台灣發行：秀威資訊科技股份有限公司

地址：台灣台北市內湖區瑞光路七十六巷六十五號一樓

電話號碼：+886-2-2796-3638

傳真號碼：+886-2-2796-1377

網絡書店：www.bodbooks.com.tw

台灣秀威書店讀者服務中心：

地址：台灣台北市中山區松江路二〇九號一樓

電話號碼：+886-2-2518-0207

傳真號碼：+886-2-2518-0778

網絡書店：http://www.govbooks.com.tw

中國大陸發行　零售：深圳心一堂文化傳播有限公司

深圳地址：深圳市羅湖區立新路六號羅湖商業大廈負一層〇〇八室

電話號碼：(86)0755-82224934

心一堂微店二維碼

心一堂淘寶店二維碼

心一堂術數古籍 珍本 整理 叢刊 總序

術數定義

術數，大概可謂以「推算（推演）、預測人（個人、群體、國家等）、事、物、自然現象、時間、空間方位等規律及氣數，並或通過種種『方術』，從而達致趨吉避凶或某種特定目的」之知識體系和方法。

術數類別

我國術數的內容類別，歷代不盡相同，例如《漢書‧藝文志》中載，漢代術數有六類：天文、曆譜、五行、蓍龜、雜占、形法。至清代《四庫全書》，術數類則有：數學、占候、相宅相墓、占卜、命書、相書、陰陽五行、雜技術等，其他如《後漢書‧方術部》、《藝文類聚‧方術部》、《太平御覽‧方術部》等，對於術數的分類，皆有差異。古代多把天文、曆譜、及部分數學均歸入術數類，而民間流行亦視傳統醫學作為術數的一環；此外，有些術數與宗教中的方術亦往往難以分開。現代民間則常將各種術數歸納為五大類別：命、卜、相、醫、山，通稱「五術」。

本叢刊在《四庫全書》的分類基礎上，將術數分為九大類別：占筮、星命、相術、堪輿、選擇、三式、讖諱、理數（陰陽五行）、雜術（其他）。而未收天文、曆譜、算術、宗教方術、醫學。

術數思想與發展——從術到學，乃至合道

我國術數是由上古的占星、卜筮、形法等術發展下來的。其中卜筮之術，是歷經夏商周三代而通過「龜卜、蓍筮」得出卜（筮）辭的一種預測（吉凶成敗）術，之後歸納並結集成書，此即現傳之《易

經》。經過春秋戰國至秦漢之際，受到當時諸子百家的影響、儒家的推崇，遂有《易傳》等的出現，原本是卜筮術書的《易經》，被提升及解讀成有包涵「天地之道（理）」之學。因此，《易・繫辭傳》曰：「易與天地準，故能彌綸天地之道。」

漢代以後，易學中的陰陽學說，與五行、九宮、干支、氣運、災變、律曆、卦氣、讖緯、天人感應說等相結合，形成易學中象數系統。而其他原與《易經》本來沒有關係的術數，如占星、形法、選擇，亦漸漸以易理（象數學說）為依歸。《四庫全書・易類小序》云：「術數之興，多在秦漢以後。要其旨，不出乎陰陽五行，生尅制化。實皆《易》之支派，傅以雜說耳。」至此，術數可謂已由「術」發展成「學」。

及至宋代，術數理論與理學中的河圖洛書、太極圖、邵雍先天之學及皇極經世等學說給合，通過術數以演繹理學中「天地中有一太極，萬物中各有一太極」（《朱子語類》）的思想。術數理論不單已發展至十分成熟，而且也從其學理中衍生一些新的方法或理論，如《梅花易數》、《河洛理數》等。

在傳統上，術數功能往往不止於僅僅作為趨吉避凶的方術，及「能彌綸天地之道」的學問，亦有其「修心養性」的功能，「與道合一」（修道）的內涵。《素問・上古天真論》：「上古之人，其知道者，法於陰陽，和於術數。」數之意義，不單是外在的算數、歷數、氣數，而是與理學中同等的「道」、「理」──心性的功能，北宋理氣家邵雍對此多有發揮：「聖人之心，是亦數也」、「萬化萬事生乎心」、「心為太極」。《觀物外篇》：「先天之學，心法也。……蓋天地萬物之理，盡在其中矣，心一而不分，則能應萬物。」反過來說，宋代的術數理論，受到當時理學、佛道及宋易影響，認為心性本質上是等同天地之太極。天地萬物氣數規律，能通過內觀自心而有所感知，即是內心也已具備有術數的推演及預測、感知能力；相傳是邵雍所創之《梅花易數》，便是在這樣的背景下誕生。

《易・文言傳》已有「積善之家，必有餘慶；積不善之家，必有餘殃」之說，至漢代流行的災變說及讖緯說，我國數千年來都認為天災，異常天象（自然現象），皆與一國或一地的施政者失德有關；下

至家族、個人之盛衰，也都與一族一人之德行修養有關。因此，我國術數中除了吉凶盛衰理數之外，人心的德行修養，也是趨吉避凶的一個關鍵因素。

術數與宗教、修道

在這種思想之下，我國術數不單只是附屬於巫術或宗教行為的方術，又往往是一種宗教的修煉手段—通過術數，以知陰陽，乃至合陰陽（道）。「其知道者，法於陰陽，和於術數。」例如，「奇門遁甲」術中，即分為「術奇門」與「法奇門」兩大類。「法奇門」中有大量道教中符籙、手印、存想、內煉的內容，是道教內丹外法的一種重要外法修煉體系。甚至在雷法一系的修煉上，亦大量應用了術數內容。此外，相術、堪輿術中也有修煉望氣（氣的形狀、顏色）的方法；堪輿家除了選擇陰陽宅之吉凶外，也有道教中選擇適合修道環境（法、財、侶、地中的地）的方法，以至通過堪輿術觀察天地山川陰陽之氣，亦成為領悟陰陽金丹大道的一途。

易學體系以外的術數與的少數民族的術數

我國術數中，也有不用或不全用易理作為其理論依據的，如揚雄的《太玄》、司馬光的《潛虛》。也有一些占卜法、雜術不屬於《易經》系統，不過對後世影響較少而已。

外來宗教及少數民族中也有不少雖受漢文化影響（如陰陽、五行、二十八宿等學說。）但仍自成系統的術數，如古代的西夏、突厥、吐魯番等占卜及星占術，藏族中有多種藏傳佛教占卜術、苯教占卜術、擇吉術、推命術、相術等；北方少數民族有薩滿教占卜術；不少少數民族如水族、白族、布朗族、佤族、彝族、苗族等，皆有占雞（卦）草卜、雞蛋卜等術，納西族的占星術、占卜術，彝族畢摩的推命術、占卜術……等等，都是屬於《易經》體系以外的術數。相對上，外國傳入的術數以及其理論，對我國術數影響更大。

曆法、推步術與外來術數的影響

我國的術數與曆法的關係非常緊密。早期的術數中，很多是利用星宿或星宿組合的位置（如某星在某州或某宮某度）付予某種吉凶意義，并據之以推演，例如歲星（木星）、月將（某月太陽所躔之宮次）等。不過，由於不同的古代曆法推步的誤差及歲差的問題，若干年後，其術數所用之星辰的位置，已與真實星辰的位置不一樣了；此如歲星（木星），早期的曆法及術數以十二年為一周期（以應地支），與木星真實週期十一點八六年，每幾十年便錯一宮。後來術家又設一「太歲」的假想星體來解決，是歲星運行的相反，當時沈括提出了修正，但明清時六壬術中「月將」仍然沿用宋代沈括修正的起法沒有再修正。

由於以真實星象周期的推步術是非常繁複，而且古代星象推步術本身亦有不少誤差，大多數術數除依曆書保留了太陽（節氣）、太陰（月相）的簡單宮次計算外，漸漸形成根據干支、日月等的各自起例，以起出其他具有不同含義的眾多假想星象及神煞系統。唐宋以後，我國絕大部分術數都主要沿用這一系統，也出現了不少完全脫離真實星象的術數，如《子平術》、《紫微斗數》、《鐵版神數》等。後來就連一些利用真實星辰位置的術數，如《七政四餘術》及選擇法中的《天星選擇》，也已與假想星象及神煞混合而使用了。

隨着古代外國曆（推步）、術數的傳入，如唐代傳入的印度曆法及術數，元代傳入的回回曆等，其中我國占星術便吸收了印度占星術中羅睺星、計都星等而形成四餘星，又通過阿拉伯占星術而吸收了其中來自希臘、巴比倫占星術的黃道十二宮、四大（四元素）學說（地、水、火、風），並與我國傳統的二十八宿、五行說、神煞系統並存而形成《七政四餘術》。此外，一些術數中的北斗星名，不用我國傳統的星名：天樞、天璇、天璣、天權、玉衡、開陽、搖光，而是使用來自印度梵文所譯的：貪狼、巨

門、祿存、文曲、廉貞、武曲、破軍等，此明顯是受到唐代從印度傳入的曆法及占星術所影響。如星命術中的《紫微斗數》及堪輿術中的《撼龍經》等文獻中，其星皆用印度譯名。及至清初《時憲曆》，置閏之法則改用西法「定氣」。清代以後的術數，又作過不少的調整。

此外，我國相術中的面相術、手相術，唐宋之際受印度相術影響頗大，至民國初年，又通過翻譯歐西、日本的相術書籍而大量吸收歐西相術的內容，形成了現代我國坊間流行的新式相術。

陰陽學——術數在古代、官方管理及外國的影響

術數在古代社會中一直扮演着一個非常重要的角色，影響層面不單只是某一階層、某一職業、某一年齡的人，而是上自帝王，下至普通百姓，從出生到死亡，不論是生活上的小事如洗髮、出行等，大事如建房、入伙、出兵等，從個人、家族以至國家，從天文、氣象、地理到人事、軍事，從民俗、學術到宗教，都離不開術數的應用。我國最晚在唐代開始，已把以上術數之學，稱作陰陽（學），行術數者稱陰陽人。（敦煌文書、斯四三二七唐《師師漫語話》：「以下說陰陽人謾語話」，此說法後來傳入日本，今日本人稱行術數者為「陰陽師」）。一直到了清末，欽天監中負責陰陽術數的官員中，以及民間術數之士，仍名陰陽生。

古代政府的中欽天監（司天監），除了負責天文、曆法、輿地之外，亦精通其他如星占、選擇、堪輿等術數，除在皇室人員及朝庭中應用外，也定期頒行日書、修定術數，使民間對於天文、日曆用事吉凶及使用其他術數時，有所依從。

我國古代政府對官方及民間陰陽學及陰陽官員，從其內容、人員的選拔、培訓、認證、考核、律法監管等，都有制度。至明清兩代，其制度更為完善、嚴格。

宋代官學之中，課程中已有陰陽學及其考試的內容。（宋徽宗崇寧三年〔一一零四年〕崇寧算學令：「諸學生習……並曆算、三式、天文書。」「諸試……三式即射覆及預占三日陰陽風雨。天文即預

定一月或一季分野災祥，並以依經備草合問為通。」

金代司天臺，從民間「草澤人」（即民間習術數人士）考試選拔：「其試之制，以《宣明曆》試推步，及《婚書》、《地理新書》試合婚、安葬，並《易》筮法、六壬課、三命、五星之術。」（《金史》卷五十一·志第三十二·選舉一）

元代為進一步加強官方陰陽學對民間的影響、管理、控制及培育，除沿襲宋代、金代在司天監掌管陰陽學及中央的官學陰陽學課程之外，更在地方上增設陰陽學教授員，培育及管轄地方陰陽人。（《元史·選舉志一》：「世祖至元二十八年夏六月始置諸路陰陽學。」）地方上也設陰陽學教授員，於路、府、州設教授員，凡陰陽人皆管轄之，而上屬於太史焉。」）自此，民間的陰陽術士（陰陽人），被納入官方的管轄之下。

至明清兩代，陰陽學制度更為完善。中央欽天監掌管陰陽學，明代地方縣設陰陽學正術，各州設陰陽學典術，各縣設陰陽學訓術。陰陽人從地方陰陽學肄業或被選拔出來後，再送到欽天監考試。（《大明會典》卷二二三：「凡天下府州縣舉到陰陽人堪任正術等官者，俱從吏部送（欽天監），考中，送回選用；不中者發回原籍為民，原保官吏治罪。」）清代大致沿用明制，凡陰陽術數之流，悉歸中央欽天監及地方陰陽官員管理、培訓、認證。至今尚有「紹興府陰陽印」、「東光縣陰陽學記」等明代銅印，及某某縣某某之清代陰陽執照等傳世。

清代欽天監漏刻科對官員要求甚為嚴格。《大清會典》「國子監」規定：「凡算學之教，設肄業生。滿洲十有二人，蒙古、漢軍各六人，於各旗官學內考取。漢十有二人，於舉人、貢監生童內考取。」教以天文演算法諸書，五年學業有成，舉人引見以欽天監博士用，貢監生童以天文生補用。」學生在官學肄業、貢監生肄業或考得舉人後，經過了五年對天文、算法、陰陽學的學習，其中精通陰陽術數者，會送往漏刻科。而在欽天監供職的官員，《大清會典則例》「欽天監」規定：「本監官生三年考核一次，術業精通者，保題升用。不及者，停其升轉，再加學習。如能貫

勉供職，即予開復。仍不及者，降職一等，再令學習三年，能習熟者，准予開復，仍不能者，黜退。」

除定期考核以定其升用降職外，《大清律例》中對陰陽術士不準確的推斷（妄言禍福）是要治罪的。

《大清律例・一七八・術七・妄言禍福》：「凡陰陽術士，不許於大小文武官員之家妄言禍福，違者杖一百。其依經推算星命卜課，不在禁限。」大小文武官員延請的陰陽術士，自然是以欽天監漏刻科官員或地方陰陽官員為主。

官方陰陽學制度也影響鄰國如朝鮮、日本、越南等地，一直到了民國時期，鄰國仍然沿用着我國的多種術數。而我國的漢族術數，在古代甚至影響遍及西夏、突厥、吐蕃、阿拉伯、印度、東南亞諸國。

術數研究

術數在我國古代社會雖然影響深遠，「是傳統中國理念中的一門科學，從傳統的陰陽、五行、九宮、八卦、河圖、洛書等觀念作大自然的研究。……傳統中國的天文學、數學、煉丹術等，要到上世紀中葉始受世界學者肯定。可是，術數還未受到應得的注意。術數在傳統中國科技史、思想史，文化史、社會史，甚至軍事史都有一定的影響。……更進一步了解術數，我們將更能了解中國歷史的全貌。」（何丙郁《術數、天文與醫學中國科技史的新視野》，香港城市大學中國文化中心。）

可是術數至今一直不受正統學界所重視，加上術家藏秘自珍，又揚言天機不可洩漏，「（術數）乃吾國科學與哲學融貫而成一種學說，數千年來傳衍嬗變，或隱或現，全賴一二有心人為之繼續維繫，賴以不絕，其中確有學術上研究之價值，非徒癡人說夢，荒誕不經之謂也。其所以至今不能在科學中成立一種地位者，實有數因。蓋古代士大夫階級目醫卜星相為九流之學，多恥道之；而發明諸大師又故為惝恍迷離之辭，以待後人探索；間有一二賢者有所發明，亦秘莫如深，既恐洩天地之秘，復恐譏為旁門左道，始終不肯公開研究，成立一有系統說明之書籍，貽之後世。故居今日而欲研究此種學術，實一極困難之事。」（民國徐樂吾《子平真詮評註》，方重審序）

現存的術數古籍，除極少數是唐、宋、元的版本外，絕大多數是明、清兩代的版本。其內容也主要是明、清兩代流行的術數，唐宋或以前的術數及其書籍，大部分均已失傳，只能從史料記載、出土文獻、敦煌遺書中稍窺一鱗半爪。

術數版本

坊間術數古籍版本，大多是晚清書坊之翻刻本及民國書賈之重排本，其中豕亥魚魯，或任意增刪，往往文意全非，以至不能卒讀。現今不論是術數愛好者，還是民俗、史學、社會、文化、版本等學術研究者，要想得一常見術數書籍的善本、原版，已經非常困難，更遑論如稿本、鈔本、孤本等珍稀版本。

在文獻不足及缺乏善本的情況下，要想對術數的源流、理法、及其影響，作全面深入的研究，幾不可能。

有見及此，本叢刊編校小組經多年努力及多方協助，在海內外搜羅了二十世紀六十年代以前漢文為主的術數類善本、珍本、鈔本、孤本、稿本、批校本等數百種，精選出其中最佳版本，分別輯入兩個系列：

一、心一堂術數古籍珍本叢刊
二、心一堂術數古籍整理叢刊

前者以最新數碼（數位）技術清理、修復珍本原本的版面，更正明顯的錯訛，部分善本更以原色彩色精印，務求更勝原本。并以每百多種珍本、一百二十冊為一輯，分輯出版，以饗讀者。

後者延請、稿約有關專家、學者，以善本、珍本等作底本，參以其他版本，古籍進行審定、校勘、注釋，務求打造一最善版本，方便現代人閱讀、理解、研究等之用。

限於編校小組的水平，版本選擇及考證、文字修正、提要內容等方面，恐有疏漏及舛誤之處，懇請方家不吝指正。

心一堂術數古籍 整理 珍本 叢刊編校小組

二零零九年七月序
二零一四年九月第三次修訂

增訂命學講義　王西神題

章千里小影

韋千里批命潤例　丙子仲冬重訂

僕晚生慕古愧不能立功德於社會復不能著嘉言以軼世態惟幸先君子夙諳命理居
恆為人決策談言微中類多奇驗僕幼承庭訓困學而強志之初猶未知其妙處迨後茅
塞漸開世務漸識翻遺著覽羣書知古之賢士大夫未有不窮研命理而力行之以為修
身之一助者當茲人心澆薄世道崎嶇世人非講求命運預識恐更危如盲人瞎馬故
不揣譾陋賣卜於市以指迷覺路為己任惟士無恆產雖有恆心祇得薄收潤費以佐事
畜此僕心雄而力未逮才疎而志願愛衆焉知我罪我希公鑒之

清談命理　貳圓　　全部逐批　卅圓

簡批終身　加批近年三載　伍圓　　乾坤合婚　捌圓

終身細批　加批近年十載　拾圓　　精選吉日　捌圓

外埠委批銀行或郵匯皆可。七天覆件寄費另加收件處上海南京路大慶里韋氏命苑。

観夫世界之廣大。宇宙之奇妙。人事之渺茫。若可知若不可知。雖聖人亦不敢以論斷

定也。然一春一秋物故者新。一晝一夜花開者謝。廢興成毀盈虛倚伏。大而名利細而飲

啄。默察一切冥冥中似有定之者。故聖人不敢以論斷定者。今可於中覘盈虧之象。五行

生尅之理之中求之。而百不失一焉。余始對於命運。乃深信而不疑。曩歲因事至申。訪韋

子千里於其寓。論往指來。不差累黍。且評語簡明透澈。以少勝多。非深於道。明於理。通於

儒。洞明乎世事者。弗能也。然余有感焉。為江湖術士之流。恆藉此為生理。既不明語亦鄙陋

大雅君子為之不齒。命理之學。晦而不彰。安得如韋子者。作中流之砥柱耶。今韋子學益

進。出其餘緒。編印命學講義一書問世。蒙示全稿。雒誦之餘。覺奧邃詳明。批郤導窾裨補

後學。殊非淺尠。余嘗有志於斯而未能。今又有鞭策之者矣。敢不勉旃。敢不勉旃。詩云高

山仰止。景行行止。雖不能至。心嚮往之。爰書此以歸韋子。其樂而敎之乎。是有命焉。非余

所敢望也。

民國二十三年七月楊叔和於蚌埠大淮報館。

駱　序

余於公餘之暇。喜讀命學諸書凡坊間古籍名著。均先後搜羅迭經殫心參研苦無心得。如星平會海三命通會滴天髓等書或博而寡約。或簡奧難明往復思索雖略曉其意。終未了然於胸客歲識駕湖韋君千里一見如故蓋知其秉承家學精研有素者也讀其所纂之精選命理約書一書深佩其註釋精微闡揚命理之功不在素庵相國下也君復以命學之式微胥由古人說理未透今歲乃於百忙中編命學講義以授海內有志斯學者。余因加入研究先獲其稿披覽竟日恍然有悟昔日之所疑難者今皆迎刃而解矣他書中支離瑣屑之點。亦均條分縷晰舉例闡明矛盾謬誤之處則說理指正允推子平正宗不僅爲初學者必讀之書亦可供精究者參玫之籍書成將付剞劂余乃樂爲之序。

甲戌仲秋嘉定駱經畬

顧序

韋子千里少負奇才。幼承庭訓。家學淵源。挾君平術。爲人權衡。談必微中與之語世道。

辯古今事。當否論人高下。事後當成敗若河決下流而東注若駟馬駕輕車就熟路飽學

老成固非世俗所能望其肩背且慨慷好義憂世疾憤輒嘗論世道崎嶇人心險詐魍魅

恣慾魍魎橫行未嘗不嘆息痛恨於挽狂瀾之乏術也予諷之曰徒言無補於事空談矛

如實行君抱希世之才挾君平神技曷不將命學公開廣爲宣傳使人人得知命理預識

趨避之道權己衡人兩相裨益彼魑魅魍魎雖熾或得稍斂其跡未始非治標之一法也

我子曷不圖乎君聞言奮然起曰誠如子言余當知所勉矣乃毅然決然將所學供獻於

世人創辦命學函授於韋氏命苑未及匝月成績斐然國中聞風嚮學者日必數十起而

筆政冗繁案牘勞形雖日以繼夜案頭常積卷盈尺漸致精力不繼輒對之氣沮而興嘆

曰余不勝其勞矣而欲罷不能若其奈何可竊相與憂而莫能相助於是轉輾焦思若有

所得即欣然謂韋子曰君曷不將函授講義彙集成冊發行單行本問世如此則於君可

一勞永逸於學者不啻躬沐教誨豈非一舉二得者耶君以為可乃夜發書焚膏繼晷將

手編講義重行邏輯補苴罅漏去腐存菁其間皆根據先哲之立言參以一己之實驗提

綱摘要纂言鉤玄發人所不敢發道人所未曾道由淺顯而入於深奧一氣貫通不愧為

學命梯範夫韋君年少好學口不絕吟于六藝之文手不停披于百家之編識廣學博著

作等身其生平所述甚宏具為精警之碩論獨於此命學講義尤多焉行見付梓在即出

版有期其不紙貴洛陽不脛而走者我不信也。

民國二十三年甲戌仲秋季日。顧乃平謹識於淞濱逸廬。

自序

僕之刊行此本也。旣非敢爲人師。更不欲自矜其術祇因始重友誼選編命理約言繼

而電牘頻頒。要求函授情之所之欲罷不能固非始料之所及也惟自慚少不更事再以

業務冗煩體力時間兩有所缺曾畢謝之而不獲者反在去歲秋冬及今春之間要求函

授者日益衆多甚至梵寺高僧璇閨名媛竟不乏人又經故舊勸喻僉謂世途險惡社會

苦窳若使人人知命諳所趨避則賢愚不肖朗若明星亦未始無益於羣衆能不勉哉余

靜言思之雖才同夢鳥識愧雕蟲而爲諸翁敦促豈敢再辭狂瞽故於今夏以學命所得

及推命經驗編成講義貿然創辦函授蒙四方人士聞風來從者竟達二百餘人之多超

原額一倍尤覺出人意料外矣比來忙於改卷評命精力更瘁而仍有廣州北平湖南宜

昌等處。紛紛來信要求加入函授僕正愧一人之精力有限學問荒疏惟恐有誤諸君之

從學豈敢再事濫觴繼思開學以來月未兩圓而學命諸君類多突飛猛進非潛心研討。

而能如是耶。然講義淺顯易解。或亦與有功也。況余旣不便拒絕後來之所求者故爲兩

全計其唯以講義付刊作單行之本。聊以塞責或者人一以幾十人十以幾百。普及較易。

庶人人知命。雖僕覆瓿之作不值一觀。然天下人或能稍解命學得知趨避則僕心亦慰

矣。唯有數點須聲述者爰臚舉之幸希垂察（一）本書全係僕實驗之談。故書中所敍有

爲古書所載有爲古書所無者（二）本書因欲初學者易於了解故力求淺顯凡陳言荒

僻及迂迴曲折之論。一概捐除（三）僕孤陋寡聞加之本書篇帙不多祇可導示以命學

之門徑。敢云登堂入室乎欲求精通變化而詣深造。仍非博覽羣書而不爲功（四）本書

以萬部爲一版將來逐版修改以冀精益求精如蒙　海內大雅進而敎之尤所歡迎並

當儘量付刊以餉同好（五）印刷匆促錯訛難免諸祈鑒原曷勝盼禱。

民國甲戌秋日浙江嘉興韋千里謹識於滬江寓次。

六

目次

韋千里經濟批命

震動藝壇　轟傳全國之大發明

內容

（一）五行八字之格局用神（二）一生行運之吉凶（三）流年月建之休咎（四）雜論事業六親（五）答覆各種疑難問題

優點

（一）此項批張。專應外埠。以代當面詳談。且可留一永久紀念。本埠委批。一概謝絕。故爲外埠諸君之獨有權利也。（二）取潤特廉。每造兩元。以符經濟之名（三）格式新穎。批斷詳明。分門別類。應有盡有（四）秉筆直批。無空泛及奉承之言（五）倩人正楷謄錄。並留存稿底。以備日後檢查或討論（六）創行以來。八載於茲。驗跡四起。謝函盈積。

收件處

上海南京路大慶里韋氏命苑。外埠委批。銀行或郵匯皆可。七天覆件。寄費另加。

韋氏命學講義 卷一

韋千里編著

起例問答

問　何謂十天干十二地支。

答　甲乙丙丁戊己庚辛壬癸此爲十天干。子丑寅卯辰巳午未申酉戌亥此爲十二地支。

問　何謂六十花甲子。

答　十天干十二地支以次聯貫。即構成下列六十花甲子。按即甲子乙丑丙寅丁卯戊辰己巳庚午辛未壬申癸酉甲戌乙亥丙子丁丑戊寅己卯庚辰辛巳壬午癸未甲申乙酉丙戌丁亥戊子己丑庚寅辛卯壬辰癸巳甲午乙未丙申丁酉戊戌己亥庚子辛丑壬寅癸卯甲辰乙巳丙午丁未戊申己酉庚戌辛亥壬子癸丑甲寅乙卯丙辰丁巳戊午己未庚申辛酉壬戌癸亥是也。

問　四柱是否指年柱月柱日柱時柱。

答　然每柱一干一支四柱共四干四支即俗所謂八字是也例如

甲子（此年柱也）

丙寅（此月柱也）

乙丑（此日柱也）

己卯（此時柱也）

問　假如今年癸酉其人三十七歲何以知其所生之年爲丁酉。

答　此非用推年法不可矣推年之法多端干支分推較爲簡便詳述如左。

答問

韋氏命學講義　卷一　起例問答

（推所生之年干）必先將其人歲數之零數從今年天干起逆推至若干位即以其干為生年天干。（歲數若為

整十無零則作十數論）例如三十七歲七為零數今年癸酉自癸至丁逆數適得七位（癸一壬二辛三庚四

己五戊六丁七）即知所生之年天干值丁。

（推所生之年支）必先將其人歲數除十二視其餘數若干從今年地支起逆推至若干位即以其支為生年地

支（若除盡無餘即作十二數論）例如三十七歲除三箇十二尚餘一數今年癸酉酉屬第一位即知所生之

年地支值酉（合觀上例可以知為丁酉年生即以丁酉兩字排入年柱可也）又如四十八歲除四箇十二並

無餘數故必須作十二數論今年癸酉自酉至戌逆數適得十二位（酉一申二未三午四巳五辰六卯七寅八

丑九子十亥十一戌十二）即知所生之年地支值戌又如四十歲除三箇十二尚餘四數今年癸酉自酉至午

逆數適得四位（酉一申二未三午四）即知所生之年地支值午。

如甲子年自元旦至除夕是否始終作甲子年推算

未可固定蓋推年以立春為標準其區別有三也（一）在本年立春後生者即以本年之干支排為年柱（二）在

本年立春前生者即以上一年之干支排為年柱（三）在本年十二月立春後生者即以下一年之干支排為年

柱列例如左。

（例一）假定三十七歲當正月初二日亥時生人照今年癸酉計算三十七歲當為丁酉萬年歷載明是年正月初

二日戌時立春是亥時在戌時之後巳過立春即以本年之干支丁酉兩字排為年柱。

（例二）假定三十七歲當正月初二日酉時生人照今年癸酉計算三十七歲當為丁酉萬年歷載明是年正月初

二日戌時立春是酉時在戌時之前猶未立春應以上一年之干支丙申兩字排為年柱（丁酉上一年為丙申）

（例三）假定三十六歲當十二月二十四日巳時生人照今年癸酉計算三十六歲當為戊戌萬年歷載明是年十

二月二十四日辰時立春是巳時在辰時之後巳過立春以下一年之干支己亥兩字排為年柱（戊戌下一年

問　每年十二月建是否固定。

答　此誠固定也。正月建寅，二月建卯，三月建辰，四月建巳，五月建午，六月建未，七月建申，八月建酉，九月建戌，十月建亥，十一月建子，十二月建丑。

問　如甲子年正月建寅，固知其為寅月，然何以知其為丙寅月。

答　此非用推月法不可矣。推月之法，先須熟讀歌訣。歌曰：甲己之年丙作首，乙庚之歲戊為頭，丙辛必定尋庚起，丁壬壬位順行流，更有戊癸何方覓，甲寅之上好追求。按甲己之年丙作首，甲年之正月皆為丙寅，二月皆為丁卯，三月皆為戊辰，餘類推。乙庚之歲戊為頭，乙年庚年之正月皆為戊寅，二月皆為己卯，三月皆為庚辰，餘類推。丙辛必定尋庚起，丙年辛年之正月皆為庚寅，二月皆為辛卯，三月皆為壬辰，餘類推。丁壬壬位順行流，丁年壬年之正月皆為壬寅，二月皆為癸卯，三月皆為甲辰，餘類推。更有戊癸何方覓，戊年癸年之正月皆為甲寅，二月皆為乙卯，三月皆為丙辰，餘類推。

問　甲年正月為丙寅月，逐月推去，然正月至十二月節令異同如何，請詳言之。

答　未可固定。蓋推月以節令為標準，其區別有三也。（一）在本月節令後生者，即以本月所遁干支排為月柱。（二）在本月節令前生者，即以上月所遁干支排為月柱。（三）在本月下一節令生者，即以下月所遁干支排為月柱。

正月立春節，二月驚蟄節，三月清明節，四月立夏節，五月芒種節，六月小暑節，七月立秋節，八月白露節，九月寒露節，十月立冬節，十一月大雪節，十二月小寒節。

（例一）如癸卯年三月初九日卯時生，萬年曆載明是年三月初九日辰時清明，是卯時在辰時之前，猶未清明（即未進三月節），應以二月所遁干支排為月柱，列式於左。

答　（為己亥）

癸卯（年）

乙卯（月）

（例二）如癸卯年三月初九日辰時生萬年歷載明是年三月初九日辰時清明（即巳交三月節）應以三月所遁干支排爲月柱列式於左。

癸卯（年）

丙辰（月）

（例三）如癸卯年十一月二十日丑時生萬年歷載明是年十一月二十日丑時小寒（即已進十二月節）應以十二月所遁干支排爲月柱列式於左。

癸卯（年）

乙丑（月）

（例四）如癸卯年正月初八日卯時生萬年歷載明是年正月初八日辰時立春卯時在辰時之前未過立春（即未進正月節）不獨癸卯年作壬寅年推（癸卯上一年爲壬寅）且須以壬寅年十二月所遁干支排爲月柱（癸卯年正月之上一月即壬寅年十二月）列式於左。

癸卯作

壬寅（年）

癸丑（月）

（例五）如癸卯年正月初八日辰時生萬年歷載明是年正月初八日辰時立春（即巳交立春是辰時巳交立春（即巳進正月節）應以癸卯年正月所遁干支排爲月柱列式於左。

癸卯（年）

甲寅（月）

（例六）如癸卯年十二月二十日申時生萬年歷載是年十二月二十日未時立春是申時在未時之後已過立春（即已進下一年之正月節）不獨癸卯年作甲辰年推（癸卯年下一年為甲辰）且須以甲辰年正月所遁干支排為月柱（癸卯年十二月之下一月即甲辰年正月）列式於左

癸卯作
甲辰（年）
丙寅（月）

（例七）如癸卯年十二月二十日午時生萬年歷載明是年十二月二十日未時立春是午時在未時之前猶未立春。（即未進下一年之正月節）仍以癸卯十二月所遁干支排為月柱列式於左

癸卯（年）
乙丑（月）

問　推日之法如何

答　較推年推月皆為簡易祇須查看萬年歷即知所生之日是何干支例如癸亥年正月初八日生人是年萬年歷所載。

正月小庚
申（初一日為庚申）
午（十一日為庚午）
辰（廿一日為庚辰）

既知初一日為庚申屈指順推則知初八日應為丁卯矣（庚申初一辛酉初二壬戌初三癸亥初四甲子初五乙丑初六丙寅初七丁卯初八）即以丁卯兩字排為日柱列式於左

韋氏命學講義　卷一　起例問答

癸亥（年）
甲寅（月）
丁卯（日）

問：假如甲子日寅時。何由知其爲丙寅時。

答：此非用推時法不可矣。推時之法。先須熟讀歌訣。歌曰。甲己還加甲。乙庚丙作初。丙辛從戊起。丁壬庚子居。戊癸何方發。壬子是眞途。按甲己還加甲。甲己日之子時皆爲甲子。丑時皆爲乙丑。寅時皆爲丙寅。餘類推。乙庚丙作初。乙庚日之子時皆爲丙子。丑時皆爲丁丑。寅時皆爲戊寅。餘類推。丙辛從戊起。丙辛日之子時皆爲戊子。丑時皆爲己丑。寅時皆爲庚寅。餘類推。丁壬庚子居。丁壬日之子時皆爲庚子。丑時皆爲辛丑。寅時皆爲壬寅。餘類推。戊癸何方發。壬子是眞途。戊癸日之子時皆爲壬子。丑時皆爲癸丑。寅時皆爲甲寅。餘類推。

問：請述十天干之陰陽。

答：甲丙戊庚壬皆爲陽。乙丁己辛癸皆爲陰。

問：大運部位從何起點。請詳述之。

答：其起點皆根據所生之月建。如男命所生之年天干屬陽。或女命所生之年天干屬陰。運皆順行。男命所生之年天干屬陰。或女命所生之年天干屬陽。運皆逆行。例如男命甲子年丙寅月生。甲屬陽。運皆順行。當從丙寅月建起點順推而下。第一部運爲丁卯。第二部運即爲戊辰。以次遞進。列式於左。

（第一部）丁卯
（第二部）戊辰
（第三部）己巳
（第四部）庚午

（第五部）辛未

（第六部）壬申

又如男命乙丑年戊寅月生乙屬陰運皆逆行當從戊寅月建起點逆推而上第一部運爲丁丑第二部運即爲丙子。以次遞退列式於左。

（第一部）丁丑

（第二部）丙子

（第三部）乙亥

（第四部）甲戌

（第五部）癸酉

（第六部）壬申

又如女命乙丑年戊寅月生乙屬陰運皆順行當從戊寅月建起點順推而下第一部運爲己卯第二部運即爲庚辰。以次遞進列式於左。

（第一部）己卯

（第二部）庚辰

（第三部）辛巳

（第四部）壬午

（第五部）癸未

（第六部）甲申

又如女命甲子年丙寅月生甲屬陽運皆逆行當從丙寅月建起點逆推而上第一部運爲乙丑第二部運即爲

甲子。以次遞退列式於左。

（第一部）乙丑
（第二部）甲子
（第三部）癸亥
（第四部）壬戌
（第五部）辛酉
（第六部）庚申

問

行運歲數如何推算亦請詳述

答

運若順行從生日生時數至最近未來節之日時運若逆行從生日生時數至最近已往節之日時每三日為一歲每一日為百二十天每一時為十天如離節三日則一歲行運如離節一日則落地百二十天行運離節一時則落地十天每足三日方算一歲且須扣算清楚某年某月某日某時交運不得混稱幾歲列例如左

（例一）男命甲子年正月十五日子時生

甲子（年）
丙寅（月）
戊辰（日）
壬子（時）

男命陽年干運皆順行從月建順推而下。

（第一部運）丁卯
（第二部運）戊辰

八

韋氏命學講義

（第二部運）己巳

（第四部運）庚午

（第五部運）辛未

（第六部運）壬申

從……節……至最近未來節之日時。生立春後最近之未來節即是驚蟄萬年歷載明是年二月初二日寅時交驚蟄由正月十五日寅時數至二月初二日寅時共十六天又二時（正月小）以三天為一歲折之即知為五歲多一天二時應在五歲百四十日以後起運每一運營十年故第一部運五歲起行第二部運為十五歲起行列式如左。

五歲　　丁卯

十五　　戊辰

二五　　己巳

三五　　庚午

四五　　辛未

五五　　壬申

自甲子年正月十五日子時計算必至己巳年正月十五日子時（乙丑一丙寅二丁卯三戊辰四己巳五）方算五歲足再加百四十天即知為己巳年六月初五日始行第一部丁卯運以次遞推其為己卯年行第二部戊辰運己丑年行第三部己巳運顯而易知蓋一運管十年而十干亦周而復始也若簡稱每逢己年六月初五日子時交換亦可。

（例二）女命甲子年正月十五日子時生。

韋氏命學講義.

甲子（年）
丙寅（月）
戊辰（日）
壬子（時）

女命陽年干運皆逆行從月建逆推而上。

（第一部運）乙丑
（第二部運）甲子
（第三部運）癸亥
（第四部運）壬戌
（第五部運）辛酉
（第六部運）庚申

運屬逆行數至最近已往節之日時生立春必最近之已往節即是立春萬年曆載明是年正月初一日巳時交立春由正月十五日子時數至正月初一巳時共十三天又七時以三天爲一歲折之即知爲四歲多一天七時……四歲百九十日後起運每一運管十年故第一部四歲起行第二部十四歲起行列式如左

四歲　乙丑
十四　甲子
二四　癸亥
三四　壬戌
四四　辛酉

五四 庚申

自甲子年正月十五日子時計算必至戊辰年正月十五日子時方算四歲足。（乙丑一丙寅二丁卯三戊辰四。）再加百九十天即知爲戊辰年七月廿五日子時始行第一部乙丑運以次遞推其爲戊寅年行第二部甲子運戊子年行第三部癸亥運顯而易知蓋一運管十年而十干亦周而復始也若簡稱每逢戊年七月廿五日子時交換亦可

韋氏命學講義 卷一 起列問答

問 何爲五行。
答 金木水火土是也。

問 五行之生尅如何。
答 金生水水生木木生火火生土土生金金尅木木尅土土尅水水尅火火尅金。

問 請述十天干十二地支之五行。
答 甲乙寅卯皆爲木丙丁巳午皆爲火戊己辰戌丑未皆爲土庚辛申酉皆爲金壬癸亥子皆爲水。

問 十二地支孰爲陰孰爲陽。
答 寅辰巳申戌亥爲陽子丑卯午未酉爲陰。

問 十二地支中藏何物。
答 子中藏癸水丑中藏己土辛金癸水寅中藏甲木丙火戊土卯中藏乙木辰中藏乙木癸水戊土巳中藏丙火戊土庚金午中藏丁火己土未中藏乙木己土丁火申中藏庚金壬水戊土酉中藏辛金戌中藏辛金丁火戊土亥中藏壬水甲木

問 何爲財官印食比刦傷殺。
答 皆五行生尅之代名詞也。

子宮癸水在其中
丑宮癸辛己土同
寅宮甲木兼丙戊
卯宮乙木獨相逢
辰宮乙戊三分癸
巳中庚金丙戊叢
午宮丁火并己土
未宮乙己丁共宗
申位庚金壬水戊
酉宮辛字獨豐隆
戌宮辛金及丁戊
亥藏壬甲是真蹤

二三

問：請述財官印等之構成。

答：生我者陽見陽或陰見陰為梟神陰見陽或陽見陰為正印我生者陽見陽或陰見陰為食神陰見陽或陽見陰為傷官我尅者陽見陽或陰見陰為偏財陰見陽或陽見陰為正財尅我者陽見陽或陰見陰為七殺陰見陽或陽見陰為正官同我者陽見陽或陰見陰為比肩陰見陽或陽見陰為劫財

問：再請舉例明之我字指何物

答：我字即日干例如甲木日干遇丁火甲為陽木丁為陰火甲木能生丁火丁乃我生而陽見陰即傷官也又如辛金日干遇乙木辛為陰金乙為陰木辛金能尅乙木乙乃我尅而陰見陰即偏財也特立表於後以便檢查

韋氏命學講義　卷一　起例問答

天干財官印等檢查表（橫看）

日干	甲	乙	丙	丁	戊	己	庚	辛	壬	癸
傷官	丁	丙	己	戊	辛	庚	癸	壬	乙	甲
正官	辛	庚	癸	壬	乙	甲	丁	丙	己	戊
食神	丙	丁	戊	己	庚	辛	壬	癸	甲	乙
七殺	庚	辛	壬	癸	甲	乙	丙	丁	戊	己
正財	己	戊	辛	庚	癸	壬	乙	甲	丁	丙
偏財	戊	己	庚	辛	壬	癸	甲	乙	丙	丁

向

地支財官印等檢查表（橫看）

正印	梟神	劫財	比肩
癸	壬	乙	甲
壬	癸	甲	乙
乙	甲	丁	丙
甲	乙	丙	丁
丁	丙	己	戊
丙	丁	戊	己
己	戊	辛	庚
戊	己	庚	辛
辛	庚	癸	壬
庚	辛	壬	癸

日干	傷官	食神	正官	七殺	正財	偏財
甲	午	巳	酉	申	丑未	辰戌
乙	巳	申	申	酉	辰戌	丑未
丙	丑未	辰戌	子	亥	酉	申
丁	辰戌	亥	亥	子	申	酉
戊	酉	申	卯	寅	子	亥
己	申	酉	寅	卯	亥	子
庚	亥	午	午	巳	卯	寅
辛	子	巳	巳	午	寅	卯
壬	寅	子	丑未	辰戌	午	巳
癸	卯	辰戌	辰戌	丑未	巳	午

生我者為
克我者為
同我者為
我生者為
我克者為

乙印、癸卯
乙官、七煞
比肩、劫財
傷官、食神
正財、偏財

陽見陰門、陰見陽為
正印、傷官、正官、乙財
劫財
陽見陽、陰之陰為
偏印、食神、七煞、偏財
比肩

正印	子	亥	卯	午	巳	丑未	辰戌	酉
梟神	亥	子	寅	巳	午	辰戌	酉	申
劫財	卯	寅	卯	午	巳	丑未	辰戌	申
比肩	寅	卯	巳	午	辰戌	丑未	申	酉

問 地支內所藏之字其財官印綬推法如何。

答 與推天干相同詳參天干財官印等檢查表按干支花甲子排命排運五行生尅財官印綬等為推命之起端學者不可不知且不可不熟讀否則如作文之不諳題目文章何由而成

韋氏命學講義卷二

韋千里編著

天干篇

（甲）

五行　屬木

性別　屬陽

方位　東方

氣　長生在亥　沐浴在子　冠帶在丑　臨官在寅　帝旺在卯（以上為氣之盛）衰於辰　病於巳　死於

勢　午　墓於未　絕於申　胎於酉　養於戌（以上為氣之衰）　旺於春（最旺）　相於冬（次旺）　休於夏（衰）　囚於四立前各十八天（次衰）　死於秋（最衰）　按四立為立春立夏立秋立冬。

生　甲生丙丁巳午壬癸亥子生甲。

剋　甲剋戊己辰戌丑未庚辛申酉剋甲

合　甲己相合

化　日干為甲逢己己土在辰戌丑未月則化土。

例　
囚於立秋前十八天

陽木

生甲	癸巳	甲生	病
合甲	己未	甲剋	甚
甲剋	甲午	甲生	死
甲剋	戊辰	甲剋	衰

（乙）

氣　長生在午　沐浴在巳　冠帶在辰　臨官在卯　帝旺在寅（以上為氣之盛）　衰於丑　病於子　死於亥　墓於戌　絕於酉　胎於申　養於未（以上為氣之衰）

方位　東方

性別　屬陰

五行　屬木

勢　旺於春（最旺）　相於冬（次旺）　休於夏（衰）　囚於四立前各十八天（次衰）　死於秋（最衰）

生　乙生丙丁巳午壬癸亥子生乙。

剋　乙剋戊己辰戌丑未庚辛申酉剋乙。

合　乙庚相合

化　日干為乙。逢庚金在巳酉丑申月則化金。

例

生乙	癸酉	剋乙	絕
合剋乙乙	庚申	剋乙	胎
陰死於秋	乙巳	乙生	沐浴
剋合乙乙	庚辰	乙剋	冠帶

（丙）

五行　屬火

性別　屬陽

方位　南方

氣　長生在寅　沐浴在卯　冠帶在辰　臨官在巳　帝旺癸午（以上為氣之盛）　衰於未　病於申　死於
　墓於戌　絕於亥　胎於子　養於丑（以上為氣之衰）

勢　旺於夏（最旺）　相於春（次旺）　休於四立前各十八天（衰）　囚於秋（次衰）　死於冬（最衰）

生　丙生戊己辰戌丑未甲乙寅卯生丙

剋　丙剋庚辛申酉壬癸亥子剋丙

合　丙辛相合

化　日干為丙逢辛金在亥申子辰月則化水。

例　剋丙　壬申　丙剋　病

一六

（丙）〔承前〕

丙剋　辛亥　剋丙　絕
合丙
陽火　丙子　剋丙　胎
死於火多
剋丙　壬辰　丙生　冠帶
　　　壬生　冠帶

（丁）

氣　長生在酉　沐浴在申　冠帶在未　臨官在午　帝旺在巳（以上為氣之盛）　衰於辰　病於卯　死於

方位　南方

五行　屬火

性別　屬陰

勢　旺於夏（最旺）　相於春（次旺）　休於四立前各十八天（衰）　囚於秋（次衰）　死於冬（最衰）

生　丁生戊己辰戌丑未甲乙寅卯生丁

剋　丁剋庚辛申酉壬癸亥子剋丁

合　丁壬相合

化　日干為丁逢壬水在亥卯未寅月則化木。

例

生丁　甲辰　丁生　衰
相於春　丁亥　剋丁　胎
剋丁　壬寅　生丁　死
剋丁　丁卯　生丁　病
壬丁　生丁

（戊）

五行　屬土

性別　屬陽

方位　中央

氣　長生在寅　沐浴在卯　冠帶在辰　臨官在巳　帝旺在午（以上為氣之盛）　衰於未　病於申　死於

勢　旺於四立前各十八天（最旺）　相於夏（次旺）　休於秋（衰）　囚於冬（次衰）　死於春（最衰）

生　戊生庚辛申酉丙丁巳午生戊

剋　戊剋壬癸亥子甲乙寅卯剋戊

合　戊癸相合

例化　日干為戊逢癸水在寅午戌巳月則化火。

生戊　丙辰　全戊　冠帶
　　　戊午　　　　帝旺
　　　戊戌　　　　臨官

剋戊　丙寅　剋戊　長生
　　　戊午　生戊　帝旺
　　　癸巳　生戊　臨官

（己）

五行　屬土

性別　屬陰

方位　中央

氣　長生在酉　沐浴在申　冠帶在未　臨官在午　帝旺在巳（以上為氣之盛）　衰於辰　病於卯　死於

一八

（己　續）

寅　墓於丑　絕於子　胎於亥　養於戌（以上爲氣之衰）

勢　旺於四立前各十八天（最旺）　相於夏（次旺）　休於秋（衰）　囚於冬（次衰）　死於春（最衰）

生　己生庚辛申酉丙丁巳午生己

剋　己剋壬癸亥子甲乙寅卯剋己

合　甲己相合

化　日干爲己逢甲木在辰戌丑未月則化爲純土。

例

剋己	甲午	生己	臨官
合己	己己		
己生	辛未	合己	冠帶
	己巳	生己	旺

旺於立秋前十八天

陰土

己巳　全己

己巳　全己

戊辰　全己　衰

（庚）

氣　長生在巳　沐浴在午　冠帶在未　臨官在申　帝旺在酉（以上爲氣之盛）　衰於戌　病於亥　死於子　墓於丑　絕於寅　胎於卯　養於辰（以上爲氣之衰）

方位　西方

性別　屬陽

五行　屬金

勢　旺於秋（最旺）　相於四立前各十八天（次旺）　休於冬（衰）　囚於春（次衰）　死於夏（最衰）

生　庚生壬癸亥子戊己辰戌丑未生庚

剋　庚剋甲乙寅卯丙丁巳午剋庚。

韋氏命學講義　卷二　天干篇

化合

例

乙庚相合

日干爲庚逢乙木若在巳酉丑申月。則化爲純金。

仝庚	庚辰	生庚	養
陽金	乙酉	仝庚	旺
旺於秋	庚申	仝庚	臨官
合庚	乙巳	剋庚	生
庚剋		剋庚	生

（辛）

五行　屬金

性別　屬陰

方位　西方

氣　長生在子　沐浴在亥　冠帶在戌　臨官在酉　帝旺在申（以上爲氣之盛）　衰於未　病於午　死於巳　墓於辰　絕於卯　胎於寅　養於丑（以上爲氣之衰）

勢　旺於秋（最旺）　相於四立前各十八天（次旺）　休於冬（衰）　囚於春（次衰）　死於夏（最衰）

生　辛生壬癸亥子戊己辰戌丑未生辛

剋　辛剋甲乙寅卯丙丁巳午剋辛

化合　丙辛相合

例　日干爲辛逢丙火在申子辰亥月則化水。

辛剋	甲申	仝辛	旺
合辛	丙子	辛生	生

陰陽　陰金多　辛亥　辛生　沐浴
　　　　　　　辛生　戊辰　生辛　墓

五行　屬水

性別　屬陽

方位　北方

（壬）

氣　長生在申　沐浴在酉　冠帶在戌　臨官在亥　帝旺在子（以上為氣之盛）　衰於丑　病於寅　死於
卯　墓於辰　絕於巳　胎於午　養於未（以上為氣之衰）

勢　旺於冬（最旺）　相於秋（次旺）　休於春（衰）　囚於夏（次衰）　死於四立前各十八日（最衰）

生　壬生甲乙寅卯庚辛申酉生壬

剋　壬剋丙丁巳午戊己辰戌丑未剋壬

合　丁壬相合

化　丁壬化木　日干為壬逢丁火在亥卯未寅月則化木

例
壬生　甲寅　壬生　病
壬剋　丁卯　壬生　死
合壬　壬午　壬剋　胎
壬生　甲辰　剋壬　墓

五行　屬水
（癸）
陽水
休於春

性別　屬陰

方位　北方

氣　長生在卯　沐浴在寅　冠帶在丑　臨官在子　帝旺在亥（以上為氣之盛）　衰於戌　病於酉　死於
　　申　墓於未　絕於午　胎於巳　養於辰（以上為氣之衰）

勢　旺於冬（最旺）　相於秋（次旺）　休於春（衰）　囚於夏（次衰）　死於四立前各十八天（最衰）

生　癸生甲乙寅卯庚辛申酉生癸

剋　癸剋丙丁巳午戊己辰戌丑未剋癸

合　戊癸相合

化　日干為癸逢戊土在寅午戌巳月則化火

例　　全癸　癸巳　癸巳　胎
　　　剋癸　癸巳　　　絕
　　　合癸　戊午　癸午
　　　陰水　癸巳　癸剋　胎
　　　囚於夏
　　　癸剋　丙辰　剋癸　養

地支篇

（子）

方位　北方

性別　屬陰

五行　屬水

月令　十一月

節氣　大雪為子月節　冬至為子月氣

藏干　癸

生　子生甲乙寅卯。庚辛申酉生子。

剋　子剋丙丁巳午戊己辰戌丑未剋子。

合　子丑相合

刑　子卯相刑

冲　子午相冲

害　子未相害

三合　申子辰合成水局

方合　亥子丑合為北方

例　子生　甲申生子　與子三合成水局。
　　子剋　丙子陰十一月。大雪至小寒。藏癸。
　　子剋　丁丑合子。又會北方。
　　子剋　丁未害子

（丑）

方位　中央

性別　屬陰

五行　屬土

月令　十二月

節氣　小寒爲丑月節　大寒爲丑月氣

藏干　己癸辛

生　丑生庚辛申酉丙丁巳午生丑。

剋　丑剋壬癸亥子甲乙寅卯剋丑。

合　子丑相合

害　丑午相害

冲　丑未相冲

刑　酉戌相刑

三合　巳酉丑合成金局

方合　亥子丑合爲北方

例　丑剋　癸酉與丑三合成金局

丑剋　乙丑藏己辛癸。十二月。小寒至立春。

生丑　丙子合丑剋

丑剋　甲午害丑生丑

五行　屬木

性別　屬陽

方位　東方

（寅）

韋氏命學講義 卷二 地支篇

月令	正月								
節氣	立春爲寅月節　雨水爲寅月氣								
藏干	甲丙戊								
生	寅生丙丁巳午壬癸亥子生寅								
剋	寅剋戊己辰戌丑未庚辛申酉剋寅								
合	寅亥相合								
冲	寅申相冲								
刑	寅巳相刑								
害	寅巳相害								
三合	寅午戌合成火局								
方合	寅卯辰合爲東方								
例	比寅 乙巳害寅生	寅財 戊寅正月	尅寅 庚申冲尅寅	寅生 丁亥合生寅					
	刑寅 立春至驚蟄 藏甲丙戊								
	寅 陽木月								
方位	東方								
性別	屬陰								
五行	屬木								
	卯								

月令　二月

節氣　驚蟄爲卯月節　春分爲卯月氣

藏干　乙

生　卯生丙丁巳午壬癸亥子生卯。

剋　卯剋戊己辰戌丑未庚辛申酉剋卯。

合　卯戌相合

刑　子卯相刑

冲　卯酉相冲

害　卯辰相害

三合　亥卯未合成木局

方合　寅卯辰合爲東方

例

卯生	丙子 生卯
剋卯	辛卯 刑卯二月。
生卯	壬辰 卯合爲東方。
卯剋	己酉 冲剋卯

（辰）

方位　中央

性別　屬陽

五行　屬土

月令　三月

節氣　清明爲辰月節　穀雨爲辰月氣

藏干　戊乙癸

生　辰生庚辛申酉。丙丁巳午生辰。

剋　辰剋壬癸亥子甲乙寅卯剋辰。

合　辰酉相合

刑　二辰自刑

冲　辰戌相冲

害　卯辰相害

三合　申子辰合成水局

方合　寅卯辰合爲東方

例

生辰	丁酉合辰生		
剋辰	甲辰三月。		
剋辰	癸卯剋辰。		
剋辰	壬戌冲辰		

清明至立夏。藏戊乙癸。陽土。與辰合爲東方。比害剋辰。

（巳）

方位　南方

性別　屬陽

五行　屬火

月令 四月

節氣 立夏為巳月節 小滿為巳月氣

藏干 丙戊庚

生 巳生戊己辰戌丑未甲乙寅卯生巳。

尅 巳尅庚辛申酉壬癸亥子尅巳

合 巳申相合

害 寅巳相害

冲 巳亥相冲 巳申相刑

刑 寅巳相刑

三合 巳酉丑合成金局

方合 巳午未合為南方

例

巳生 戊寅 害巳。
比巳 丁巳 立夏至芒種。
尅巳 壬申 藏丙戊庚。
巳尅 辛亥 冲尅巳

生　　　　　戊寅刑生巳
　　　　　　四月
　　　　　　陽火
　　　　　　合巳
　　　　　　冲尅巳

五行 屬火

性別 屬陰

方位 南方

（午）

韋氏命學講義 卷二 地支篇

月令　五月

節氣　芒種為午月節　夏至為午月氣

藏干　丁己

生　午生戊己辰戌丑未甲乙寅卯生午。

剋　午剋庚辛申酉壬癸亥子剋午。

合　午未相合

害　丑午相害

冲　子午相冲

刑　二午自刑

三合　寅午戌合成火局

方合　巳午未合為南方

例
午剋　辛丑害午生
生午　甲午五月。芒種至小暑。藏丁己。
剋午　壬子冲剋午生火。
比午　丁未合午。與午合為南方

（未）

五行　屬土

性別　屬陰

方位　中央

月令　六月

節氣　小暑為未月節　大暑為未月氣

藏干　己丁乙

生　未生庚辛申酉。丙丁巳午生未。

剋　未剋壬癸亥子甲乙寅卯剋未。

合　午未相合

刑　戌未相刑

冲　丑未相冲

害　子未相害

三合　亥卯未合成木局

方合　巳午未合為南方

例
　　生　丙戌刑此未
　　剋　乙未　六月　藏乙丁己立秋。小暑至立秋。
　　生　辛丑冲此未
　　此未　戊子害未剋未

五行　屬金

性別　屬陽

方位　西方

（申）

三〇

四二

月令　七月

節氣　立秋爲申月節　處暑爲申月氣

藏干　戊庚壬

生　申生壬癸亥子戊己辰戌丑未生申。

剋　申剋甲乙寅卯丙丁巳午剋申

合　巳申相合

冲　寅申相冲

害　申亥相害

刑　巳申相刑

三合　申子辰合成水局

方合　申酉戌合爲西方

例

　申剋　乙亥申生

　申剋　甲申陽金。七月。立秋至白露。藏戊庚壬

　生申　己巳剋申。己巳合申。

　剋申　丙寅冲申。刑申。

（酉）

方位　西方

性別　屬陰

五行　屬金

方位　　　中央

性別　　　屬陽

五行　　　屬土

　　　　（戌）

月令　　八月

節氣　　白露爲酉月節　　秋分爲酉月氣

藏干　辛

生　　酉生壬癸亥子戌己辰戌丑未生酉。

剋　　酉剋甲乙寅卯丙丁巳午剋酉

合　　辰酉相合

冲　　卯酉相冲

刑　　二酉自刑

害　　酉戌相害

三合　　巳酉丑合成金局

方合　　申酉戌合爲西方

例

剋酉　丙辰合生酉

剋酉　丁酉八月臟辛‧白露至寒露‧

酉生　癸卯冲酉剋

酉生　壬戌害酉　與酉合爲西方

月令　九月

節氣　寒露為戌月節　霜降為戌月氣

藏干　戊辛丁

生　戊生庚辛申酉。丙丁巳午生戌。

剋　戊剋壬癸亥子甲乙寅卯剋戌。

合　卯戌相合

刑　丑刑戌　戌刑未

冲　辰戌相冲

害　酉戌相害

三合　寅午戌合成火局

方合　申酉戌合為西方

例　
戊剋　癸卯剋合戌
戊剋　戊戌九月。寒露至立冬
生戌　壬戌藏戊辛丁。
生戌　丙辰比戌
　　　丁酉害戌生　與戌合為西方

（亥）

方位　北方

性別　屬陽

五行　屬水

月令　十月

節氣　立冬爲亥月節　小雪爲亥月氣

藏干　壬甲

生　亥生甲乙寅卯庚辛申酉生亥。

剋　亥剋丙丁巳午戊己辰戌丑未剋亥。

合　寅亥相合

害　申亥相害

冲　巳亥相冲

刑　二亥自刑

例　剋亥　　戊寅合亥生

方合　亥子丑合爲北方　　比亥　　癸亥合亥

三合　亥卯未合成木局　　亥剋　　丙申害亥

　　　　　　　　　　　　　比亥　　癸巳冲亥剋

　　　　　　　　　　　　生亥　　壬甲

　　　　　　　　　　　　立冬至大雪。

人元篇

人元之利

人元者即地支內所藏之天干。也巳見地支篇可參閱之。

五行篇

韋氏命學講義 卷三

韋千里編著

（一）可以輔助天干地支之力速例如

癸卯

八字中水木居六士金全無醬以身強無

丁巳

剋制爲患然巳中藏有戊土并庚令土能

甲寅

剋水令能制木是天干地支雖屬無用而

甲子

支中所藏人元獨可輔助其不速也

（二）可以增加天干地支之力量例如

甲寅

三甲二寅木如林立又有壬水于水之生木則木

壬申

更繁重自喜申金之剋制但一金五木雙力難勝

甲寅

則不得不賴申中寅中所藏戊土以生金剋木是

甲子

取戊土人元以增加申金之力量也

人元之害

（一）幫助天干地支之爲虐例如

戊申

獨甲爲五令所剋其衰可如何豈

庚申

申中再藏戊土午中再藏己土以

甲申

戊己土之人元再去生金豈非專

庚午

助庚申金之爲虐乎

（二）破壞天干地支之精采例如

乙未

戊土甚重當淺秀氣於庚申二金豈不甚

戊寅

美但寅中所藏丙火旣能剋去時干上之

戊辰

庚令而時支申中所有庚金亦被寅中之

庚申

丙火冲去豈非精采盡爲破壞乎

人元力量之分析

（一）最重　月支內之人元屬月之本氣者。（例如申月之庚庚與申皆屬金庚即爲申中之本氣。）力量最重。

（二）次重　月支內所暗藏之人元。（例如申月申中暗藏戊壬）雖非申月本氣力量則次重。

（三）稍輕　年日時支內所藏之人元與月支之人元相較則力減輕

韋氏命學講義 卷三 五行篇

五行者。金木水火土其數有五併往來乎天地之間而不窮者也故謂之行。

（金）

原始　西方陰止以收而生燥燥乃生金。

性　屬少陰沉下而有所止

體　至陰中含至陽故光明可照。

質　堅剛

天干　庚辛屬金

地支　申酉屬金

支藏　申酉戌巳丑中皆藏金

生剋　受土之生　生水　為火所剋　剋木

種類　金分六類各有喜忌。

（一）強金當令或繁盛為強。　喜木分力火煅煉水吐秀忌土生金金加重

（二）弱金失令或稀少為弱。　喜土生金金比助忌木分力火剋制水洩氣

（三）埋金土多易埋。　喜木制土忌火助土

（四）沉金水多易沉。　喜土剋水木洩水忌金助水汪。

（五）缺金木多易缺。　喜土生金忌木加重

（六）熔金火多易熔。　喜水制火存金土洩火生金忌木助火煅。

四季金之喜忌

春　值囚令。

三六

喜　餘寒未盡貴乎火氣為榮性體柔弱愛得薄土之資生既見火尤喜金來比助。

忌　水盛則金寒有用等於無用木盛則金折至剛轉為不剛。

夏.　值死令。

喜　性柔遇薄土則資生有益形未充得金比則扶持精壯時方在炎逢水滋則金潤澤。

忌　火多則銷熔木盛則傷身土厚則埋沒無光。

秋.　值旺令。

喜　當權得令遇火煅煉則成鐘鼎之材見水吐秀則精神發越逢木斲削則施威逞才。

忌　金助愈剛剛過必缺土再資生反為頑濁。

冬.　值休令。

喜　形寒性冷土能制水金體不寒火土並來溫養更妙。

忌　木多則難施斲削之功水盛則不免沉潛之患。

（木）

原始　東方陽散以泄而生風風乃生木。

性　屬少陽騰上而無所止。

體　陽中含陰故枝葉繁榮於外而內空虛。

質　柔和

天干　甲乙屬木

地支　寅卯屬木

支藏　寅卯辰亥未中皆藏木

種類　木分六類各有喜忌

生剋　受水之生　生火　為金所剋　剋土

（一）強木當令或繁盛為強　喜土分力金斷削火吐秀忌水生木木加重.

（二）弱木失令或稀少為弱　喜水生木木比助忌土分力金剋害火洩氣.

（三）浮木水多易浮.　喜土制水忌金助水

（四）焚木火多易焚.　喜水剋火忌木生助火熾烈

（五）折木土多易折.　喜水生木忌土加重

（六）斷木金多易斷.　喜火制金存木水洩金生木忌土助金金堅銳

四季木之喜忌

春.　值旺令

　喜　餘寒猶存得火溫暖無盤屈之拘遇水資扶有舒暢之美見薄土則材豐.

　忌　土多則反損力重金傷殘剋伐則生意索然.

夏.　值休令

　喜　根乾葉枯水盛有滋潤之功無土則根基不固缺金則不能斷削.

　忌　火旺招焚化之患土厚則反為災咎金多亦轉遭傷殘木太多亦無可為用.

秋.　值死令

　忌　氣漸淒涼形凋敗木多有多材之美初秋喜水土相滋中秋愛剛金斷削寒露遇火則木實.

　喜

冬.　值相令

　忌　土厚無己任之材獨霜降水盛則有木漂之患.

喜　得金多以爲用遇火暖以成功欲土厚而培養。

忌　水盛則忘形木雖多而難助。

（水）

原始　北方陰極而生寒寒乃生水。

性　屬太陰　潤下。

體　積陰之寒氣反而爲水水雖陰物陽含於內故水體內明。

質　沉潛。

支藏　亥子丑辰申中皆藏水

地支　亥子屬水

天干　壬癸屬水

生剋　受金之生　生木　爲土所剋　剋火

種類　水分六類各有喜忌

（一）強水當令或繁盛爲強　喜火分力土堤防木洩秀忌金生水水加重。

（二）弱水失令或稀少爲弱　喜金生水水比助忌火分力土剋制木洩氣。

（三）滯水金多易滯　喜火制金忌土助金。

（四）縮水木多易縮　喜火洩木金制木忌水生助木繁盛。

（五）沸水火多易沸　喜金生水忌火加重。

（六）淤水土多易淤　喜木尅土存水金洩土生水忌火助土土堅實。

四季水之喜忌

韋氏命學講義　卷三　五行篇

春. 值休令

喜. 土威則泛濫無憂木見則施功可期藉金生扶欲火相濟。

忌. 水威則崩堤堪虞金多火繁均非所宜。

夏. 值囚令

喜. 時當涸際愛金生而欲同類之幫扶。

忌. 火旺則乾涸堪虞木威氣耗土重流塞。

秋. 值相令

喜. 母旺子相表光裏瑩見金則澄清可愛火多則威木重妻榮。

忌. 遇土則混濁可嫌水多則泛濫堪憂（水既重重方愛得土清平）木火過多亦非所宜。

冬. 值旺令

喜. 專權司令遇火則增暖木威為有情見土則無泛濫之憂

忌. 金多無義土多無恩（惟泛濫時可藉作堤防）

（火）

原始　南方陽極而生熱熱乃生火

性　屬太陽。炎上。

體　積陽之熱氣反者為火火雖陽物陰在其內故火體內暗。

質　熾烈

天干　丙丁屬火

地支　巳午屬火

四〇

支藏　巳午未戌中皆藏火

生剋　受木之生　生火　為水所剋　剋金

種類　火分六類各有喜忌

(一)強火當令或繁盛為強．　喜金分力水相濟土洩秀忌木生火火加重．

(二)弱火失令或稀少為弱．　喜木生火火比助忌金分力水剋熄土掩晦．

(三)熾火木多易熾．　喜金制木忌水助木．

(四)晦火土多易晦．　喜金洩土木制土忌火生土土堅重．

(五)熄火金多易熄．　喜木生火忌金加重．

(六)滅火水多易滅．　喜土制水存火木洩水生火忌金助水水盛旺．

四季火之喜忌

春．值相令．

喜　母旺子相見金可以施功縱多無妨木少可得生扶，（過多則火炎）水只宜其兩濟．

忌　火盛則多傷爆燥土多則塞塞無光．

夏．值旺令．

喜　恃勢行權遇金為良工得土成稼穡．（金土雖美缺水則金燥土焦）逢水則自焚可免．

忌　見火有傾危之慮遇木有夭折之患．

秋．值囚令．

喜　性息體休重疊見火而光輝遇木生亦有復明之慶．

忌　土重則掩光水剋則隕滅金多見其體亦能損傷．

韋氏命學講義　卷三　五行篇

冬．值死令

休絕形亡木生而有救土制水以為榮水比則有利．

喜　見金難任為財水尅必以為殃．

忌

（土）

原始　中央陰陽交而生濕濕乃生土．

性　土無常性視四時所乘喜相濟得所忌太過不及．

體　土包四物故其體能兼虛實．

質　含散持實

天干　戊己屬土

地支　辰戌丑未屬土

支藏　辰戌未巳午寅申中皆藏土

生尅　受火之生　生金　為木所尅　尅水

種類　土分六類各有喜忌

（一）強土當令或繁盛為強．
喜水分力木疏通金洩秀忌火生土土加重．

（二）弱土失令或稀少為弱．
忌水分力木尅制金洩氣喜火生土土比助．

（三）焦土火多易焦．
喜水制火忌木助火．

（四）變土金多易變．
喜火制金水洩金忌土助金金堅實．

（五）流土水多易流．
喜火生土忌水加重．

（六）傾土木多易傾．
喜金制木存土火洩木生土忌水助木木繁盛．

四季土之喜忌

春．值死令。

喜　土勢虛弱火生扶土比助金能制木爲祥（按金多仍能盜土氣）

忌　木太過水泛濫。

夏．值相令。

喜　土勢燥烈見戊水則滋潤成功見水復遇金生更爲有益。

忌　旺火煅煉焦赤見火復遇木生則生尅無良（惟土太過者喜木）土多見則塞塞不通。

秋．值休令。

喜　子旺母衰不厭火重煉金成材最愛木戊制伏純良土多則頗可助力。（惟至霜降則毋用土比）

忌　金多而耗盜其氣水泛而一定非祥

冬．值囚令。

喜　外寒內溫火暖則寒谷回春再加土助則尤佳。

忌　金水氣冷則冰寒土凍再加身弱多損壽元

強弱篇

論命以日干爲主稱之曰身身之強弱關係最爲緊要故詳論之．

論身強

身強之構成

（一）月令旺相　如甲木日干生於春冬。

（二）多幫扶　如甲木日干四柱多水多木．（四柱即年月日時四個干支也）

（三）支得氣　如甲木日干生於亥年寅日卯時．（甲生於亥臨官於寅帝旺於卯氣盛為得氣．）

身強之區別

（一）最強　既當令又多幫扶（當令即月令旺相）例如

甲寅　甲木旺於春月又卯

丁卯　為帝旺故當令四柱

甲子　又有四木兩水幫扶

甲子　之故成最強

（二）.中強　僅多幫扶而失令．（失令即月令衰弱）例如

甲寅　乙木死於秋酉月

丙子　又為絕地故失令

癸酉　然四柱有三水兩

乙亥　木幫扶故成中強

丙子

（二）中強　僅得令而少幫扶例如

甲寅　壬水旺於冬子月又

丙子　為帝旺故得令然四

壬寅　柱全無別位金水幫

丙午　扶故亦成中強

（三）次強　既不當令又少幫扶但年日時支得氣例如

辛亥　甲木死於秋故失令天干又

丁酉　全無水木幫扶僅亥年長生

甲寅　寅日臨官卯時帝旺酉月受

丁卯　胎皆得氣故成爲次強耳

身強之喜忌

（身強喜抑）抑之構成原因有四

（一）受尅　即尅我如甲木見金尅

（二）被洩　即我生如甲木見火洩

（三）被分　即我尅如甲木見土分

（四）氣衰　如甲木見辰巳午未申酉戌（見甲木篇論氣條）

（身強忌扶）扶之構成原因有三

（一）受生　即生我如甲木見水

（二）得援　即同我如甲木見木

（三）氣盛　如甲木見亥子丑寅卯（見甲木篇論氣條）

論身弱

身弱之構成

（一）月令衰弱　如甲木日干生於夏秋

（二）多尅洩　如甲木日干四柱多金多火

（三）支失氣　如甲木日干逢巳年午日申時（甲木病巳死午絕申氣衰篇失氣）

身弱之區別

（一）最弱　　既失令又多尅洩例如

戊申

　甲木死於秋。（最衰）

庚申

　）故失令四柱又有

甲午

　丙火之洩四命之尅

庚午

　故成爲最弱。

（二）中弱　　僅多尅洩而當令例如

庚午

　當令故即成爲中弱。

甲午

　木旺於春。（最旺）顧

庚寅

　火之洩兩金之尅然甲

丙辰

　甲木日干四柱雖有三

　　　僅失令而少尅洩例如

甲寅

　丁火雖死於冬。（最弱）

丙子

　而失令然四柱井不復見

丁卯

　水尅與土洩且有四木兩

乙巳

　火之幫扶故亦成爲中弱。

（三）次弱　　既不失令又少尅洩但年日時支無氣例如

辛巳

　壬水旺於冬當令天干又有兩

辛丑

　金一水之幫扶僅巳年壬絕寅

壬寅　日壬病．卯時壬死．丑月壬衰．四

癸卯　支失氣故即成篇亥弱．

身弱之喜忌

癸卯

身弱喜扶

（扶之構成見前論身強之喜忌中．）

身弱忌抑

（抑之構成見前論身強之喜忌中．）

韋氏命學講義 卷四

六神篇

韋千里編著

五行之理祇是生我尅我我生我尅但不設名目不便推詳六神者五行陰陽生尅之代名詞也自有此代名詞立尅

五行生尅以衡量人命彌覽如應斯響蓋比喻適當莫此六神若也但五行生尅比和有傷官七殺正官食神偏財正

財梟神正印比肩刼財等名目共有十類而神止取六者何也蓋比肩刼財不能成格而偏正財偏正印又稱曰財印

既捨比刼而再合併財印是以神共有六耳

傷官

傷官之構成　我所生而與我異性者是也。例如甲木日干見丁火。木能生火。丁火為甲木所生。而甲為陽性。丁為陰

性。陰陽相異。故丁即甲之傷官。按甲見丁。乙見丙。丁見午乙見丙。巳丙見己。見丑未丁見戊。見辰戌戊見辛。見酉己見庚。見

申庚見癸。見子辛見壬。見亥壬見乙。見卯癸見甲。見寅皆為傷官。

傷官淺解

甲木見丁火爲傷官丁火者甲木所生乃父子一家之人丁伏甲勢以發越甲木之秀氣故人多聰明幹
練然而獨以傷官名者何也蓋甲木以辛金爲正官正官者如一縣之有邑宰人民居其治下方喜得有規範不敢
肆意妄爲爲非作惡而丁火見辛金正官乃伏勢以剋傷之故曰傷官如人不服官管必欲盡解除其一身之束縛
見官星而必欲剋傷之故傷官格大都好傲好僭然亦必其人本能自治而大有才者力克勝任否則人無拘束儘
可蔑法越規恣意妄爲爲無惡不作矣信如是使一旦復居治下則嚴刑峻法亦安得不身先受之耶故傷官者必有
大過人之才過而亦復有大慘酷之奇禍也

傷官之能力　洩身　生財　敵殺　損官

天下事有利必有弊利弊之區別即在當與不當耳六神既有能力匹配上既有當與不當則必有利弊既有利弊又
有喜忌愛各述利弊喜忌如後

傷官之利

洩身　日干強財官無氣即以強爲患遂愛傷官傷官
　　　能發越日干之強氣使盡行外露也例如
癸丑　乙木春生又多水木
乙卯　之生扶自喜時上丙
乙亥　火傷官之洩身吐秀
丙子　否則直一頑木耳

敵殺　殺重身輕勳動盡爲牽制亦愛傷官傷官能敵
　　　殺存身使一身得以自由例如
戊子　秋木凋零最畏辛金

損官　官重身輕勳動盡爲束縛亦愛傷官傷官能損
　　　官存身使一身得以舒適例如
庚申　初秋乙木疊見陽金之剋是

生財　身強財弱尤愛傷官傷官能流通日干之氣生
　　　起財來俾爲己用例如
戊寅　旺木成林戊土之財受剋太
甲寅　深幸喜丙火傷官洩木生土
乙亥　流通日干之旺氣而又救護
丙子　財星之不足厥功偉矣

辛酉　十殺之尅伐幸有丙

乙酉　火傷官制令敵殺稍

丙子　解日元之危

傷官之弊

洩身　日干弱遂怕傷官一身自顧不暇何堪再見傷

辛丑　乙木日元見金之尅伐火之

丁酉　耗盜土之磨折又當仲秋死

乙卯　令衰弱可如然則丙火傷官

丙戌　之洩身自亦忌神耳

敵殺　身強殺淺即怕傷官身方假殺爲權何堪再見
傷官敵去例如

丙寅　春木方旺地支成木局月上

辛卯　辛金七殺斧斤以時入山林

乙亥　材木不可勝用乃又爲丙火

癸未　傷官所敵減色非輕

傷官所喜

生身　日干強愛傷官既見傷喜見財以流通之日干弱怕傷官既見傷喜印綬以制伏之

生財　身強財弱愛傷官既見傷喜財多以生發之身弱財多怕傷官既見傷喜印綬以制伏之

甲申　即官重身輕丙火傷官可以

乙卯　制金抑官雖無扶弱之能却

丙戌　有鋤強之功亦足取焉

生財　財太旺尤怕傷官身且不能任財何堪再見傷
官生財例如

丙申　土重木折財旺身輕

戊戌　丙火傷官之生財正

乙丑　如與虎添翼助桀爲

己卯　虐可畏哉可畏哉

損官　身重官輕亦怕傷官身方以官爲尊何堪再見
傷官損害例如

甲寅　八字中木居其五林林總

丙寅　總全恃時上庚令正官伐

乙卯　木成材不幸丙火傷官尅

庚辰　庚與上例同一貽憾

敵殺

殺重身輕愛傷官既見傷忌見比刼食傷以生助之身強殺淺怕見傷官既見傷喜見財以解之。

損官

官重身輕愛傷官既見傷喜比刼食神以生助之身強官弱怕見傷官既見傷喜見財以和解之。

傷官所忌

洩身　日干強愛傷官既見忌見印以刼去之日干弱怕傷官既見忌再生財轉輾洩弱。

生財　身強財弱愛傷官既見忌見印以刼去之身弱財多怕傷官既見忌再生財轉輾洩弱。

敵殺　殺重身輕愛傷官既見忌財生殺身強殺淺怕傷官既見忌比刼食傷以生助之。

損官　官多身弱愛傷官既見忌財旺生官身重官輕怕傷官既見忌比刼食傷以生助之。

七殺【七殺一名偏官】

七殺之構成

尅我而與我同性者是也。例如甲木日干見庚金金能尅木甲木爲庚金所尅而甲爲陽性庚亦爲陽性陰陽同類故庚卽甲之七殺按甲見庚乙見辛丙見壬丁見癸戊見甲庚見丙壬見戊辰戌癸見己丑未皆爲七殺見丁午壬見戊辰戌癸見己丑未皆爲七殺見乙卯庚見丙巳辛

七殺淺解

七殺者又名偏官二陽相尅猶二男不同處二女不同居不成配偶故謂之偏官又以其隔七位而相戰尅故曰七殺七殺者慘酷無恩專以攻身爲尚譬小人多凶暴無忌憚若無禮法制裁之不懲不戒必傷其主故有制謂之偏官無制謂之七殺必須制合生化無太過不及是借小人勢力衛護君子以成威權造就大富大貴之命者設使生化不及日主衰弱七殺重逢其禍不勝俱述若七殺祗一制伏重重倘運再行制伏則盡法無民雖猛如虎亦無所施其技矣

七殺之能力　耗財　生印　攻身　制刼

七殺之利

五〇

六二

耗財　身弱印輕財重遂愛七殺以殺能耗財並能助

印也例如
丁卯　辛金囚於春暈木旺於春一望而
甲辰　知其爲財重身輕戊雖生辛乃身弱
辛卯　赶於甲則唯丁火七殺耗甲木之
戊子　旺財生戊土之衰印獨建其功矣

攻身　日干旺甚過旺則身無所依即愛七殺七殺雖
甲午　此爲有價值之命局矣
辛酉　煉金而成器攻身以作威從
丁酉　旺達於極點妙有丁火七殺
辛酉　秋月辛金再見三酉一辛強

攻身身力能任可以假作權威也例如

七殺之弊
耗財　日強印重財輕即怕七殺殺既耗財又助

印也例如
丁丑　辛見重土幸有月上庚金之協助未遭埋
庚戌　沒而稱身印兩強乙木偏財以丁火七殺
辛丑　之耗致未遂瑷土之功八字仍屬偏枯則
乙未　七殺耗財之咎在所難辭焉

生印　身印並衰最愛七殺殺能生印使印再生身也

例如
戊寅　春日之命無力雖有酉金戊土爲
甲寅　甲赶卯爲酉金沖而又旺木成林以財多身弱
辛卯　爲患所幸有丁火七殺洩甲木之旺財生戊土
丁酉　之衰印再生身極盡補偏救弊之妙矣

制劫　身強財弱復見劫財赶敗之極亦愛七殺七殺
甲午　換言之制劫即所以救財也
辛酉　論其功用制劫爲第一救財爲第二
庚戌　掠奪殆盡幸有丁火七殺制伏劫財
丁酉　一重甲木正財爲當令之庚金劫財

能制伏劫財使不敗也例如

生印　日弱印強尤怕七殺生印赶身印多則身寡而成母多子

病何堪再見七殺生印赶身例如
戊戌　土旺而多有如山崩日元之辛
己未　母旺子虛爲瑷埋金無疑矣丁火
辛未　七殺生土以助虐赶弱日而
丁酉　敾主其滋蔓禍患爲何如哉

攻身

日干衰弱即怕七殺日弱旣主萎靡何堪再見

七殺之攻例如

丁卯　辛生巳月巳患失令羣木旺火爭相摧殘
乙巳　又少幫扶之字其弱可知或以丁火七殺
辛卯　攻身之韋與衆財挫主之患歟量輕重則
乙未　正如五十步與百步耳

制劫

日弱賴劫亦怕七殺身方恃劫維持何堪再見

七殺制去例如

甲辰　以失令之辛金敵得時之衆木嘗其
丁卯　可乎庚金劫財能幫辛金亦能尅木
辛未　正喜不乏援助詎料丁火七殺制住
庚寅　庚命慘臂抠喉抱憾甚矣

七殺所喜

耗財　身弱印輕財重愛七殺旣見殺喜印比之幫身身強印重財輕怕七殺旣見殺忌殺再加強
生印　身印並衰愛七殺旣見殺重生印日弱印強怕七殺旣見殺喜財食以兩制之
攻身　日干強愛七殺旣見喜財旺以生之日干弱怕七殺旣見殺喜印旺以解之
制劫　身強有劫愛七殺旣見殺喜財旺以生之身弱賴劫怕七殺旣見殺喜食傷以制之

七殺所忌

耗財　印輕財重愛七殺旣見殺忌傷食生財制殺印重財輕怕七殺旣見殺忌殺再加強
生印　身印並衰愛七殺旣見殺忌食傷復制去日弱印強怕七殺旣見殺忌殺再加強
攻身　日干強愛七殺旣見殺忌財傷再制去日干弱怕七殺旣見殺忌財復生之
制劫　日強有劫愛七殺旣見殺忌食傷再制去日弱賴劫怕七殺旣見殺忌財旺再生之

正官

正官之構成　尅我而與我異性者是也例如甲木日干見辛金能尅木甲木爲辛金所尅而甲爲陽性辛爲陰性陰陽相異故辛卽甲之正官按甲見辛辛見酉乙見庚庚見申丙見癸癸見子丁見壬壬見亥戊見乙乙見卯己見甲甲見寅庚見

五二

丁見午，辛見巳丙見巳壬見己己見丑未癸見戊辰戌皆為正官。

正官雜談　正官者六格之正氣忠信之尊名治國齊家之有道蓋陽見陰對陰見陽剋如人之有一夫一婦陰陽調

和剛柔配合以成道也又官者管也一縣有官人居治下均須受其管束雖有校者亦必循規蹈矩居仁由義不敢

放逸為非苟無官管則將放於禮法之外故以剋我身者為正官萬不可遵損破也月令提綱之官如本府太守本

縣令尹管制最重年上之官其位最尊第亦須視其強弱如何而斟衡也

正官之能力　　引財　　生印　　拘身　　制刼

正官之利

引財

　　身強財弱遂喜正官正官能引財拘身以存財

也例如

乙巳　初夏丙火三見巳祿可謂

辛巳　旺矣辛金之財不免火多

丙子　金燼還賴癸水正官剋火

癸巳　救命是即所謂引財也

拘身

　　日干旺甚過旺則身無所依即愛正官正官能

拘束日干不敢為非作惡也例如

辛卯　丙日旺甚幸喜癸水正官之剋

癸巳　火熾殺其炎拘身有功或憾乎

丙午　杯水車薪然有辛申兩命之生

丙申　癸水雖弱尚有淵源仍可取焉

生印

　　身強印弱尤愛正官正官能拘束日干滋生印

綬也例如

辛巳　退氣之乙木遠不如當旺之丙火

癸巳　何況丙得兩祿豈不患子多母弱

丙子　哉月頭癸水正官欲火之威助木

乙未　之勢生印之功厥亦偉矣

制刼

　　日干既旺復疊見刼財刼威即愛

正官正官能制去刼財使日干潔身自好也例如

癸巳　日主既旺益以兩比兩刼西金之財星

丁巳　危矣癸水正官剋制巳火比肩固較次

丙午　強然得祿於子受生於西亦足以去兩

丁酉　丁之刼財不可與揚湯止沸同論也

正官之弊

引財　身弱財強遂怕正官財強已恐身已不能任何堪
再見正官引財例如

癸丑　金多火少時在深秋日元爲丙自

辛酉　屬財強身弱再見癸水正官引旺

丙子　財尅衰主是更危如纍卯固以財

丙申　爲病之原亦以官爲病之表耳

拘身　巳干衰弱即怕正官身弱既主萎靡何堪再見
正官拘身例如

庚辰　丙火日元除時上一重比肩爲幫身

庚辰　外餘皆洩尅之神弱而不堪任財任

丙子　官矣申子辰會局官星結黨其拘身

丙申　之禍最爲淌傷羡竇洪水猛獸耶

生印　身弱印強尤怕正官印多則身豪母多子病何
堪再見正官生印例如

癸卯　丙火生於春令又見四木印

乙卯　多而旺即不免母多子病癸

丙子　水正官尅身固非喜然其生

乙未　印不啻助桀爲虐尤可憎也

制劫　身弱用劫亦怕正官身方賴劫維持何堪再見
正官制去例如

丁酉　丙雖失令於多幸有丁火刼財

癸丑　兩透干頭而可倚以爲幫身距

丙子　料癸水正官制去刼財精華盡

丁酉　失正如病犯絕症其勢殆矣

正官所喜

引財　身強財弱愛正官既見官喜逢財以生之財多身弱怕正官既見官喜印旺以洩之

生印　身強印弱愛正官既見官喜官旺生印身弱印強怕正官既見官喜食財以兩制之

拘身　日干強愛正官既見官喜財旺以生之日干弱怕正官既見官喜印旺以解之

制劫　身強愛正官既見官喜財旺以生之身弱賴劫怕正官既見官喜印以生身

正官所忌

身強有劫愛正官既見官喜財旺以生之

引財　身強財弱愛正官。既見官忌偏印以洩之。身弱財強怕正官。既見官忌財官再加重。

生印　身強印弱愛正官。既見官忌食傷以合制之。身弱印強怕正官。既見官忌官印再加重。

拘身　日干強愛正官。既見官忌食傷以合制之。日干弱怕正官。既見官忌財旺以生之。

制劫　身強有劫愛正官。既見官忌食傷以合制之。身弱賴劫怕正官。既見官忌財官再加重。

食神

食神之構成　我所生而與我同性者是也。例如甲木日干見丙火。木能生火。丙火為甲木所生。而甲為陽性丙亦為陽性兩性相同故丙即甲之食神按甲見丙丙見戊丁見己見巳乙見午丙見辰見戌丁見巳見丑未戊見庚見申己見辛見酉庚見壬見亥辛見甲見寅癸見乙見卯皆為食神

食神雜談　食神者一名爵星又名壽星蓋陽生陰生陰生陽雖為洩氣而食神之所生者則為財。財乃養命之源身與爵祿豐殺被食制不敢為禍然後人之壽元長此食神之所以大有造於人命也

食神之能力　洩身　生財　制殺　損官

食神有如父子子旺則生起財來以奉父母當不即是爵星乎又身之最畏者當為七殺來剋而壽即不永食神乃能制伏七殺使不敢來剋俾一身得以優遊裕餘者食神之力也當不即是壽星乎財被食生寬裕不竭然後人之

食神之利　日干強財官無氣即以強頑為患遂愛食神食神能吐日干之秀氣也例如

洩身　日干強財官無氣即以強頑為患遂愛食神食神能吐日干之秀氣也例如

生財　身強財弱尤愛食神食神能生財也例如

癸丑　甲乙寅卯東方全兇在鶯啼蝶舞之候

乙卯　春木正旺身強可知益以癸子雨水之

甲子　生木更嫌太過全局了無精彩唯喜丙

己卯　壬甲乙支寅卯劫比如林己

丙寅　土正財剋奪殆盡若無丙火

甲子　食神之生財勢將身旺無所

五五

六七

丙寅

制殺 殺重身輕舉動盡爲牽制即愛食神食神能制
伏七殺一將當關羣邪自服而身得以自由矣例如

庚申
三木三金以質量論無分軒輊然

甲申
而秋令當旺秋木凋零以勢力論

甲戌
木自不敢於金殺乃強過於身而

丙寅
需乎丙火食神之制殺矣

食神之弊

洩身 日干弱遂怕食神己身尙不健全何堪再見食
神洩氣例如

乙酉
天干甲乙丙地支丑戌酉時在

丙戌
九秋土令佔優勢甲日仍患財

甲戌
官之旺則丙火食神旣生財又

乙丑
洩身洵非弱主所喜也

制殺 身強殺淺卽怕食神身方假殺爲權何堪再見
食神制去例如

甲寅
七殺之尅伐何期丙火食神制住庚金

庚寅
形與氣旣不爲弱且嫌繁蕪正喜庚金

丙戌
甲雖失令於秋乃兩見寅祿時得長生

乙亥 寄託則爲下命決矣

損官 官強身弱舉動盡爲束縛亦愛食神食神能損
官存身使身漸得舒適例如

辛酉 秋月甲木見申酉戌辛官

丙申 旺可畏丙火食神尅合辛

甲戌 金使令勢稍抑日主稍揚

丙寅 則損官卽所以救主也

生財 財多身弱尤怕食神身旣不能任財何堪再見
食神生財例如

丙戌 士重木折財旺身輕尙幸甲木比肩

戊戌 亦能尅土未始非一臂之助然而丙

甲辰 火食神生財有力日主本危何堪再

甲戌 經其洩眞元幷以抱注旺財哉

損官 身旺官弱亦怕食神身方以官爲尊何堪再見
食神損去例如

丙戌 春木而又多幫扶旣旺且強去蕪存

辛卯 菁端賴辛命正官然有丙火食神之

甲子 尅合辛乃用武無地一官受損以致

乙亥　未竟斧斤之功爲成棟樑之材。

乙亥　八字平凡減色爲何如哉。

食神所喜

洩身　日干強愛食神。既見食喜財以流通之。日干弱怕食神。既見食喜印以合制之。

生財　身強財弱愛食神。既見食喜逢財生發。身弱財強怕食神。既見食喜印助身旺。

制殺　殺重身輕愛食神。既見食喜財生助。身強殺淺怕食神。既見食喜印以和解之。

損官　官多身弱愛食神。既見食喜比刧食傷生助。身重官輕怕食神。既見食喜見財以和解之。

食神所忌

洩身　日干強愛食神。既見食忌梟印奪去之。日干弱怕食神。既見食怕再生財轉輾洩弱。

生財　身強財弱愛食神。既見食忌梟印奪去之。身弱財強怕食神。既見食忌財多轉輾洩弱。

制殺　殺重身輕愛食神。既見食忌星黨殺身強殺淺怕食神。既見食忌比刧食傷再助食。

損官　官多身弱愛食神。既見食忌財重洩食生官身重官輕怕食神。既見食忌比刧食傷再助食。

偏正印（偏印一名梟神）

偏正印之構成　生我而與我同性者爲偏印。生我而與我異性者爲正印。例如甲木日主見壬癸水。水能生木甲木爲壬癸水所生甲爲陽性壬亦爲陽性兩性相同故壬是甲之偏印甲爲陽性癸爲陰性陰陽相異故癸是甲之正印按甲見壬乙見癸丙見甲丁見乙戊見丙己見丁庚見戊辛見己壬見庚癸見辛皆爲偏印甲見癸乙見壬丙見乙丁見甲戊見丁己見丙庚見己辛見戊壬見辛癸見庚皆爲正印。

偏正印雜談　印綬者乃五行生我之名乃我氣之源爲生氣爲父母又能護我官星使無傷剋具此格者主聰明多智慧性慈惠語善良平生少病亦且少逢凶橫若爲官則必清廉不拘文武皆掌印信。

偏正印之能力　生身　洩官殺　禦傷　挫食

偏正印之利

生身　日干弱當賴印綬滋扶身旺例如

丁卯
亥卯半木局子辰半水局時在初冬水
令則偏重於水木則官而戊土輕矣妙
辛亥　有丁火正印丙火偏印協力生身使日
戊子　主可以任財任官其功益蓋鮮哉。
丙辰

禦傷

日干強傷官力重全賴印綬駕禦傷官例如
戊戌　令多而又在金令其耗鑪戊土猛烈非
辛酉　常難有年頭而比可以幫身然而丁巳
戊申　兩印之禦制傷官其功尤偉諺謂揚湯
丁巳　止沸不如釜底抽薪即此意也。

偏正印之弊

生身　日干強財官力薄。更怕印綬助身例如
丙辰　重土重火日干強極而官藏無力
戊戌　財露被刼自屬下命然則何需乎
戊午　丙午兩印之生身耶印之為害既
壬戌　甚當先謀去之之道為上策矣。

洩官殺

日干弱。官殺力強身不能任當賴印綬洩官
殺而助身例如
癸卯　官重身輕以乙木正官之得令戊
乙卯　土日元之失時設非丁火正印鑒
丙申　洩旺官生助弱主幾成危局此所
戊子　以印綬之大有造於斯命也。
丁巳

挫食

日干弱食神太重當賴印之挫食例如
丙申　戊見一庚三申洩氣可憎自喜丙
丙申　火偏印之滋身而以情勢權
戊戌　衡挫食之事更較滋身為重要若
庚申　拘於食神不宜梟奪之說則鑿矣

洩官殺

乙未　日干強官殺力薄。更怕印綬洩之例如
丙戌　八字中土占其五比刼既多日主
戊午　自強幸有乙木正官之疏土拘身
己未　乃又有丙火午火印綬洩官致官
　　　不能直接尅日豈非全功盡棄乎

禦傷　日干強傷官力薄。更怕印綬禦去傷官。例如

丙戌　土旺身強所賴辛金傷官發
辛丑　洩秀氣然丙火梟印禦去辛
戊戌　命致日主旺無所依命局之
戊午　不可收拾即偏此一印耳

挫食　日干強食神力薄。更怕印之挫食。例如

庚子　此命與上例相仿旺土賴庚金
丙戌　食神以吐秀所憾丙火梟印挫
戊戌　制食神亦病重藥輕之造土重
戊午　為病而丙火為病中之病也

偏正印之喜

生身　日干弱。有印綬生身最喜官星生印日干強又有印綬生身即喜財以制之。

洩官殺　日干弱官殺強有印綬洩官殺喜印比兩旺日干強官殺弱又有印綬洩官殺喜財扶官殺

禦傷　日干弱傷官強。有印綬禦傷官喜印旺禦傷助身日干強傷官弱又有印綬禦傷官喜財扶身旺

挫食之

挫食　日干弱食神強有印綬挫食喜印旺去食日干強食神弱又有印之挫食喜財旺尅印以制之。

偏正印之忌

生身　日干幸有印綬助身忌貪財壞印日干強又有印綬助身忌再印扶身旺

洩官殺　日干弱官殺強有印綬洩官殺忌貪財壞印日干強官殺弱又有印綬洩官殺再忌印扶身旺。

禦傷　日干弱傷官強有印綬禦傷官忌貪財壞印日干強傷官弱又有印綬禦傷官忌印扶身旺。

挫食　日干弱食神強幸有印之挫食忌貪財壞印日干強食神弱又有偏印奪食忌印扶身旺

偏正財

偏正財之構成　我所尅而與我異性者為正財我所尅而與我同性者為偏財例如甲木日主見戊己土木能尅土。戊己土為甲木所尅甲為陽性戊亦為陽性兩性相同故戊是甲之偏財甲為陽性己為陰性陰陽相異故己是甲

心一堂術數古籍珍本叢刊　星命類

之正財。

正財按甲見戊見辰戌乙見己見丑未丙見庚見申丁見辛見酉戊見壬見亥己見癸見子庚見甲見寅辛見乙見卯壬見丙見巳癸見丁見午皆為偏財甲見己見丑未乙見戊見辰戌丙見辛見酉丁見庚見申戊見癸見子己見壬見亥庚見乙見卯辛見甲見寅壬見丁見午癸見丙見巳皆為正財。

偏正財雜談　人何由而覓利非用精神心力不可得也我所得者何以名之曰財蓋即分勞我力而後得之者也有精力然後可以圖財可以享用八字亦然首須身強方堪任財身弱財旺則如人之衰微不振雖有偏得之財不堪享用且或因財滋禍故衡命論財亦須先顧身主並非財多定為美也俗以正財為妻財偏財為眾人之財亦有以正財為汗血應得之財偏財為意外倖得之財皆非通理不可拘泥

偏正財之能力　生官殺　洩傷食　制梟　壞印

偏正財之利

生官殺　日干強官殺力輕尚不全美當賴正偏財生
　　　起官殺方能成為大用例如

乙亥　丁火如豆不能制大塊之命身太重
甲申　而官太輕甲乙雙財並透生助正官
庚申　足補此憾矣故八字堪成大用乃賴
丁丑　於財之生官非僅官之尅身也

制梟　日干強偏印力亦強身旺何需印綬當賴偏財
　　　制去梟神使不橫來生身例如

甲辰　庚命兩得申祿不愁屏翳

洩傷食　日干強傷食力亦強雖日干之秀氣已洩於
　　　　傷食而傷食則過抑未舒當賴正偏財洩之藉
　　　以流通例如

癸卯　初秋三庚支全申子辰年上透癸
庚申　金水並行母強子健庚因生水而
庚子　秀氣發越癸水傷官以卯木正財
庚辰　之洩而亦有所寄託生生不息矣

壞印　日干強正印力亦強身旺不須正印當賴正財
　　　破壞之使身不過旺例如

乙亥　庚日得祿於申乘旺於酉投庫於

戊辰　一戊二辰之梟印生身反
庚申　爲駢枝不如借甲木偏財
甲申　以去之爲清淨也

己丑　丑根基極深固不喜再見幫扶然
庚申　則乙木正財破壞己土正印正所
乙酉　以去蕪就簡也何憾之有耶

偏正財之弊

生官殺

　日干弱最怕財旺生官殺來尅日干例如

甲寅　木旺金衰如多身弱最懵
丁卯　財再生官使官來尅身形
庚午　勢尤危乃木火財官狼狽
乙酉　爲奸欲遠禍患更不易矣

制梟

　日干弱最怕財星制去梟神以絕日干之生例如

戊辰　水本成羣庚金走洩無止戊土梟
甲子　印雖生庚奈先受制於甲財財神
庚寅　非僅梟身且能害母剗除根本爲
甲申　禍更甚於洩傷食生官殺也

洩傷食

　日干弱最怕財洩傷食以分日干之力例如

乙卯　庚命失令又少固畏羣水之洩氣然若
癸未　單見水星耗盜尚有限制豈可又見木來洩
庚子　水轉輾分力則財之洩傷食而挫日與夫生
庚辰　官殺而就身其爲害乃異途而同歸也

壞印

　日干弱最怕財星破壞正印以絕其滋助例如

乙未　庚命困於水木之包圍己土正
己卯　印因乙財之破壞似有若無勢
庚子　大適爲我敵勢小難爲我助與
甲申　上述之命同一抱憾耳

偏正財之喜

生官殺

　日干強有財生官殺喜官殺旺則成功日干弱有財生官殺喜印生身比刧以制之。

洩傷食

　日干強傷食重有財洩傷食喜財旺生發日干弱傷食輕有財洩傷食喜比刧以制財。

制梟

　日干強不須梟神生身喜財來制梟日干弱有財星制梟喜比刧以解之。

壞印

　日干強不勞印綬再助身喜傷食生財助財破印日干弱有財壞印喜比刧尅去財星以存印。

偏正財之忌

生官殺　日干強幸有財來生官殺忌比刦奪財日干弱又有財去生官殺忌官殺再旺而尅身。

洩傷食　日干強幸有財來洩傷食忌比刦奪財日干弱又有財去洩傷食忌財旺分力。

制梟　　日干強幸有偏財制梟忌比刦再奪財日干弱又有偏財制梟忌傷食生財。

壞印　　日干強幸有正財壞印忌比刦再奪財日干弱又有正財壞印忌傷食生財。

比刦祿刃篇

五行分尅我尅我生我比和五項又分陰陽同性及互異之分乃其代名詞即所謂七殺正官傷官食神偏正印偏正財及比肩刦財者出爲七殺食神正官傷官巳爲各立一格於六神篇中偏正財偏正印亦不分偏正併而曰印曰財詳論於六神篇內茲再述比肩刦財之損益如後祿與刃乃助身之物其效用利弊與比肩刦財頗有相似處故附論之

比肩之構成　與我同類。而又同性者是也。如甲見甲乙見乙寅丙見丙巳見丁午戊見戊辰戌見己丑未見庚見申辛見辛酉壬見壬亥癸見子皆爲比肩。

刦財之構成　與我同類而異性者是也。如甲日遇乙甲爲木乙亦爲木是同類也甲爲陽性乙爲陰性是同類而異性也故乙爲甲之刦財按甲見乙乙見甲丙見丁丁見丙戊見己己見戊庚見辛辛見庚壬見癸癸見壬子皆爲刦財。

祿之構成　我之本氣也。如甲木本氣在寅寅即甲之祿也按甲見寅乙見卯丙戊見巳丁己見午庚見申辛見酉壬見亥癸見子皆爲祿。

刃之構成　祿前一位為刃。如甲之祿在寅。寅

刃即祿後一位為刃。如乙之祿在卯。寅乃卯後一位。故為乙之刃。按甲見卯。乙見寅。丙戊見午。丁己見巳。庚見酉。辛見申。壬見子。癸見亥。皆為刃。

比刦祿刃淺解　有謂在干為比。在支為祿。刃此理甚通。蓋甲祿在寅。寅中有甲木比肩乙。祿在卯中有乙木比肩丙戊祿在巳。巳中有丙戊比肩丁己祿在午。午中有丁己比肩庚祿在申。申中有庚金比肩辛祿在酉。酉中有辛金比肩壬祿在亥。亥中有壬水比肩癸祿在子。子中有癸水比肩甲刃在卯。卯中有乙木為甲之刦財乙刃在寅。寅中甲木為乙之刦財丙戊刃丁己為丁己之刦財庚刃在酉中辛金為庚之刦財辛刃在申申中庚金為辛之刦財壬刃在子子中癸水為壬之刦財癸刃在申申中癸水為癸之刦財由此益見陰干之刦財辛刃在辰戌丑未夫辰戌丑未為墓地非旺地豈堪作刃其不可信也明矣

比刦祿刃之能力　幫身　任官殺　代洩　奪財

比刦祿刃之利

幫身　日干弱無論財官食傷均足以耗吾之身而不為我福得有比刦祿刃幫身則耗我身者可為吾用矣例如

　　己巳　財官食神雖美乃日主虛弱如人

任官殺　日干弱見官則受拘束見殺則為壓制望官殺即畏憚之甚安足云任苟得比刦祿刃敵官殺而不畏憚反足任之以有為矣例如

　　戊子　壬水憚於重土之壓是即殺重身輕既有

此理甚通蓋甲祿在寅寅中有甲木比肩乙祿在卯卯中有乙木比肩丙戊祿在巳巳巳中有丙戊祿在午午中有丁己比肩庚祿在申申中有庚金比肩辛祿在酉酉中有辛金比肩壬祿在亥亥中有壬水比肩癸祿在子子中有癸水比肩甲刃在卯卯中有乙木為甲之刦財乙刃在寅寅中甲木為乙之刦財丙戊刃丁己為丁己之刦財庚刃在酉酉中辛金為庚之刦財辛刃在子子中癸水為壬之刦財壬刃在子子中癸水為壬之刦財癸刃在申申中庚金為辛之刦財壬刃在子子中癸水為壬之刦財因太旺故其性剛烈其氣暴戾祿則刃後一位乃既盛而未極故溫柔和暢甲刃在卯丙戊刃在午庚刃在酉壬刃在子無一非帝旺也陽順陰逆陽以前為前則陰以後為前而即祿後故乙祿在卯而刃在寅丁己祿在午而刃在巳辛祿在酉而刃在申癸祿在子而刃在亥亦無一非帝旺耳俗以陰干之刃在辰戌丑未為墓地非旺地豈堪作刃其不可信也明矣

丙寅　之富貴而病嘗能享受榮華還以

壬子　攝身進補爲是於焉壬水比肩子

壬寅　水刧刃能幫吾身爲可貴矣

代洩

乙卯　日干衰見傷食不爲我福而反足以盜洩比刧

祿刃可以代我受洩則傷食反爲福神矣例如

乙卯　衆木盜水幸癸子兩刧代日主受洩則乙木

癸未　食神始終爲忌神而終爲福星者憚其

壬子　走洩也爲福星既有刧財代洩不爲我害

乙巳　可以安然任之且或有生財制殺之利耳

比刧祿刃之弊

幫身　日干強怕比刧祿刃幫扶蓋至強則無依矣例

如

癸巳　壬水生於亥月坐於申金巳臨旺

癸亥　鄉何需干頭比刧之幫身則比刧

壬申　非惟爲枝駢拇指且足以促成身

壬寅　旺無依之危險可畏也已

代洩　日干強見傷食則秀氣可吐怕比刧祿刃競代

受洩分我秀氣例如

癸亥　乙木傷官淺旺壬而吐秀祇以水多木

戊午　壬水比肩子水刧刃協力抵敵日主可以

壬戌　任殺矣或謂火土遠過於水星仍患身弱

壬寅　此乃另一問題非在本條討論範圍內也

奪財

丙午　日干衰見財則身益弱得比刧祿刃之幫財則

丙午　害也勝於同氣相助多矣

壬寅　制財制財而有力是爲我除

壬午　比之生扶刧喜壬水比肩之

壬申　火炎水灼財重身輕不奇

不爲印

不爲財役矣例如

任官殺　日干強喜官殺爲我用怕比刧祿刃敵官殺

而分官殺之力例如

己亥　壬生申月源遠流長正喜己土正官之

壬申　拘身築堤乃月上壬比午支亥禄以及

壬子　日下子刃推波助瀾衡擊堤岸其分任

丙午　正官使日主漫無節制爲害豈淺鮮哉

奪財　日干強最喜財怕比刧祿刃奪財例如

壬午　冬日可愛壬水自喜丙火午火況又

癸亥　漂。功効盡棄。故身強之造不喜重重刼。

壬申　比之代洩其唯一理由盡即母多子虚。

乙巳　亦如人之寵子太過反多流弊耳。

壬子　倚以爲養命之財耶。不幸却比林立。

壬子　劫奪一空。如資財拮据之人。而又摧

丙午　符遍地其不歌行路之難得乎。

韋氏命學講義　卷五

韋千里編著

格局（用神附）

比劫祿刃之喜

幫身　日干弱。有比劫祿刃幫身。喜身旺有生發。日干強有比劫祿刃幫與。喜官殺以制之。

任官殺　日干弱。有比劫祿刃敵官殺。喜身殺兩相停。（停者平均也）日干強又有比劫祿刃敵官殺。喜財旺生官殺。

代洩　日干弱。傷食多。有比劫祿刃代爲受洩。喜印制傷食而生身。日干強又有比劫祿刃代受傷食之洩。喜財官。

制財　日干弱。有比劫祿刃制財。喜印生身。日干強又有比劫祿刃制財。喜官殺制之。

兩旺

比劫祿刃之忌

幫身　日干弱。有比劫祿刃幫身。忌官殺來制。日干強又有比劫祿刃幫身。忌再印生身旺。

任官殺　日干弱。有比劫祿刃任官殺。忌財旺助官殺。日干強又有比劫祿刃任官殺。忌再印旺生身而洩官殺。

代洩　日干弱。幸有比劫祿刃代受傷食之洩。忌官殺將比劫祿刃剋去。日干強又有比劫祿刃代受傷食之洩。忌印來破食生身。

制財　日干弱。財多則愈弱。幸有比劫祿刃制財。忌傷食生財。日干強見財而又被比劫祿刃制去。忌再印旺生身。

凡人秉命必有一格。八字之有格局。如人之有姓名。上自達官貴人。下至販夫走卒無之也。惟格有成敗太過不及之互異。故人有貧賤富貴之不等。格局名目眾多。大別之八格與外格兩種。茲先述八格。如後八格者正財格偏財格正官格七殺格正印格偏印格食神格傷官格是也。

八格之取法

（一）月支本氣透於天干。（如寅月透甲卯月透乙辰月透戊巳月透丙午月透丁未月透己申月透庚酉月透辛戌月透戊亥月透壬）應先取以為格。

（二）干上未透月支本氣而透月支所藏之神。即以該神取為格局。（如寅月未透甲木於干上而透丙或透戊則可取丙或戊為格）若支藏兩神並透干上則斟擇其一為格（以有力而無尅合者為上）

（三）月支本氣未透月內所藏之神亦不透。以月內人元輕重較量擇一有力而無尅合者為格。

（四）比劫不能取格。祿刃非在八格之內。

十干十二月取格詳例

上述八格取格法計有四項。普通八字不脫此四項範圍。惟取格為推命第一部手續。格定然後可以論用神及喜忌休咎。其關係最為重要。再舉詳例以明之。

甲生寅月寅為甲祿。非在八格之內詳於外格篇中。

甲生卯月卯為劫刃。非在八格之內詳於外格篇中。

甲生辰月干透戊土為偏財格透癸水為正印格若戊癸皆不透。亦可酌取其一。

甲生巳月干透丙火為食神格透庚金為七殺格透戊土為偏財格若丙庚戊皆不透。亦可酌取其一。

甲生午月干透丁火為傷官格透己土為正財格若丁己皆不透。亦可酌取其一。

甲生未月透干己土為正財格透丁火為傷官格若丁己皆不透。亦可酌取其一。

甲生申月干透庚金爲七殺格透戊土爲偏財格透壬水爲偏印格若庚壬戊皆不透亦可酌取其一

甲生酉月干透辛金爲正官格不透亦可取

甲生戌月干透戊土爲偏財格透辛金爲正官格透丁火爲傷官格若辛丁戊皆不透亦可酌取其一

甲生亥月干透壬水爲偏印格不透亦可取

甲生子月干透癸水爲正印格不透亦可取

甲生丑月干透己土爲正財格透癸水爲正印格透辛金爲正官格若己癸辛皆不透亦可酌取其一

乙生寅月干透戊土爲正財格透丙火爲傷官格若丙戊皆不透亦可酌取其一

乙生卯月卯爲乙祿非在八格之內詳於外格篇中

乙生辰月干透戊土爲正財格透癸水爲偏印格若戊癸皆不透亦可酌取其一

乙生巳月干透丙火爲傷官格透庚金爲正官格透戊土爲正財格若丙庚戊皆不透亦可酌取其一

乙生午月干透丁火爲食神格透己土爲偏財格若丁己皆不透亦可酌取其一

乙生未月干透己土爲偏財格透丁火爲食神格若丁己皆不透亦可酌取其一

乙生申月干透庚金爲正官格透壬水爲正印格若庚壬戊皆不透亦可酌取其一

乙生酉月干透辛金爲七殺格不透亦可取

乙生戌月干透戊土爲正財格透辛金爲七殺格透丁火爲食神格若辛丁戊皆不透亦可酌取其一

乙生亥月干透壬水爲正印格不透亦可取

乙生子月干透癸水爲偏印格不透亦可取

乙生丑月干透己土爲偏財格透辛金爲七殺格透癸水爲偏印格若己癸辛皆不透亦可酌取其一

丙生寅月干透甲木爲偏印格透戊土爲食神格若甲戊皆不透亦可酌取其一

丙生卯月干透乙木爲正印格不透亦可取

丙生辰月干透戊土爲食神格透乙木爲正印格不透亦可取

丙生巳月巳爲丙祿非在八格之內詳於外格篇中

丙生午月干透己土爲傷官格不透亦可取

丙生未月干透己土爲傷官格透乙木爲正印格若乙己皆不透亦可取

丙生申月干透庚金爲偏財格透戊土爲食神格透壬水爲七殺格若庚壬戊皆不透亦可酌取其一

丙生酉月干透辛金爲正財格不透亦可取

丙生戌月干透戊土爲食神格透辛金爲正財格若戊辛皆不透亦可酌取其一

丙生亥月干透壬水爲七殺格透甲木爲偏印格若壬甲皆不透亦可酌取其一

丙生子月干透癸水爲正官格不透亦可取

丙生丑月干透己土爲傷官格透辛金爲正財格透癸水爲正官格若己辛癸皆不透亦可酌取其一

丁生寅月干透甲木爲偏印格不透亦可取

丁生卯月干透乙木爲偏印格若乙己皆不透亦可酌取其一

丁生辰月干透戊土爲傷官格透乙木爲偏印格透癸水爲七殺格若乙戊癸皆不透亦可酌取其一

丁生巳月干透庚金爲正財格透戊土爲傷官格若戊庚皆不透亦可酌取其一

丁生午月干爲丁祿非在八格之內詳於外格篇中

丁生未月干透己土爲食神格透乙木爲偏印格若乙己皆不透亦可酌取其一

丁生申月干透庚金爲正財格透壬水爲正官格透戊土爲傷官格若庚壬戊皆不透亦可酌取其一

丁生酉月干透辛金爲偏財格不透亦可取

丁生戌月干透戊土為傷官格透辛金為偏財格若戊辛皆不透亦可酌取其一。

丁生亥月干透壬水為正官格透甲木為正印格若壬甲皆不透亦可酌取其一。

丁生子月干透癸水為七殺格不透亦可取

丁生丑月干透己土為食神格透辛金為偏財格若己辛皆不透亦可酌取其一。

丁生寅月干透甲木為七殺格透丙火為偏印格若甲丙皆不透亦可酌取其一。

戊生卯月干透乙木為正官格不透亦可取

戊生辰月干透乙木為正官格透癸水為正財格若乙癸皆不透亦可酌取其一。

戊生巳月巳為戊祿非在八格之內詳於外格篇中

戊生午月干透丁火為正印格不透亦可取

戊生未月干透丁火為正印格透乙木為正官格若乙丁皆不透亦可酌取其一。

戊生申月干透庚金為食神格透壬水為偏財格若庚壬皆不透亦可酌取其一。

戊生酉月干透辛金為傷官格不透亦可取

戊生戌月干透辛金為傷官格透丁火為正印格若辛丁皆不透亦可酌取其一。

戊生亥月干透壬水為偏財格透甲木為七殺格若壬甲皆不透亦可酌取其一。

戊生子月干透癸水為正財格不透亦可取

戊生丑月干透癸水為正財格透辛金為傷官格若辛癸皆不透亦可酌取其一。

己生寅月干透甲木為正印格若甲丙皆不透亦可酌取其一。

己生卯月干透乙木為七殺格不透亦可取

己生辰月干透乙木為七殺格透癸水為偏財格若乙癸皆不透亦可酌取其一。

己生巳月干透丙火爲正印格透庚金爲傷官格若丙庚皆不透亦可酌取其一

己生午月午爲己祿非在八格之內詳於外格篇中

己生未月干透乙木爲七殺格透丁火爲偏印格若乙丁皆不透亦可酌取其一

己生申月干透庚金爲傷官格透壬水爲正財格若庚壬皆不透亦可酌取其一

己生酉月干透辛金爲食神格不透亦可取

己生戌月干透丁火爲偏印格透辛金爲食神格若丁辛皆不透亦可酌取其一

己生亥月干透壬水爲正財格若壬甲皆不透亦可酌取其一

己生子月干透癸水爲偏財格不透亦可取

己生丑月干透辛金爲食神格癸透水爲偏財格若辛癸皆不透亦可酌取其一

庚生寅月干透甲木爲偏財格透丙火爲七殺格透戊土爲偏印格若甲丙戊皆不透亦可酌取其一

庚生卯月干透乙木爲正財格不透亦可取

庚生辰月干透戊土爲偏印格透乙木爲正財格透癸水爲傷官格若乙戊癸皆不透亦可酌取其一

庚生巳月干透丙火爲七殺格透戊土爲偏印格若丙戊皆不透亦可酌取其一

庚生午月干透丁火爲正官格透己土爲正印格若丁己皆不透亦可酌取其一

庚生未月干透己土爲正印格透乙木爲正財格透丁火爲正官格若乙己丁皆不透亦可酌取其一

庚生申月申爲庚祿非在八格之內詳於外格篇中

庚生酉月酉爲刧刃非在八格之內詳於外格篇中

庚生戌月干透戊土爲偏印格透丁火爲正官格若丁戊皆不透亦可酌取其一

庚生亥月干透壬水爲食神格透甲木爲偏財格若壬甲皆不透亦可酌取其一

庚生子月干透癸水爲傷官格不透亦可取。

庚生丑月干透己土爲正印格透癸水爲傷官格若己癸皆不透亦可酌取其一。

辛生寅月干透甲木爲正財格透丙火爲正官格透戊土爲正印格若甲丙戊皆不透亦可酌取其一。

辛生卯月干透乙木爲偏財格不透亦可取。

辛生辰月干透戊土爲正印格透乙木爲偏財格透癸水爲食神格若乙戊癸皆不透亦可酌取其一。

辛生巳月干透丙火爲正官格透戊土爲正印格若丙戊皆不透亦可酌取其一。

辛生午月干透丁火爲七殺格透己土爲偏印格若丁己皆不透亦可酌取其一。

辛生未月干透己土爲偏印格透丁火爲七殺格透乙木爲偏財格若乙己丁皆不透亦可酌取其一。

辛生申月干透壬水爲傷官格若壬皆不透亦可酌取其一。

辛生酉月爲辛祿非在八格之內詳於外格篇中

辛生戌月干透戊土爲正印格透丁火爲七殺格若丁戊皆不透亦可酌取其一。

辛生亥月干透壬水爲傷官格透甲木爲正財格若壬甲皆不透亦可酌取其一。

辛生子月干透癸水爲食神格不透亦可取。

辛生丑月干透己土爲偏印格透癸水爲食神格若己癸皆不透亦可酌取其一。

壬生寅月干透甲木爲食神格透丙火爲偏財格透戊土爲七殺格若甲丙戊皆不透亦可酌取其一。

壬生卯月干透乙木爲傷官格不透亦可取。

壬生辰月干透戊土爲七殺格透乙木爲傷官格若乙戊皆不透亦可酌取其一。

壬生巳月干透丙火爲偏財格透庚金爲偏印格透戊土爲七殺格若丙庚戊皆不透亦可酌取其一。

壬生午月干透丁火爲正財格若丁己皆不透亦可酌取其一。

壬生未月干透己土爲正官格透丁火爲正財格透乙木爲傷官格若乙己丁皆不透亦可酌取其一。

壬生申月干透庚金爲偏印格透戊土爲七殺格若戊庚皆不透亦可酌取其一。

壬生酉月干透辛金爲正印格不透亦可取。

壬生戌月干透戊土爲七殺格透丁火爲正財格透辛金爲正印格若戊丁辛皆不透亦可酌取其一。

壬生亥月亥爲壬祿非在八格之內詳於外格篇中。

壬生子月子爲劫刃非在八格之內詳於外格篇中。

壬生丑月干透己土爲正官格透辛金爲正印格若己辛皆不透亦可酌取其一。

壬生寅月干透甲木爲傷官格透丙火爲正財格透戊土爲正官格若甲丙戊皆不透亦可酌取其一。

癸生卯月干透乙木爲食神格不透亦可取。

癸生辰月干透戊土爲正官格透乙木爲食神格若戊乙皆不透亦可酌取其一。

癸生巳月干透丙火爲正財格透戊土爲正官格透庚金爲正印格若丙戊庚皆不透亦可酌取其一。

癸生午月干透丁火爲偏財格透己土爲七殺格若丁己皆不透亦可酌取其一。

癸生未月干透己土爲七殺格透丁火爲偏財格透乙木爲食神格若己丁乙皆不透亦可酌取其一。

癸生申月干透庚金爲正印格透戊土爲正官格若庚戊皆不透亦可酌取其一。

癸生酉月干透辛金爲偏印格不透亦可取。

癸生戌月干透戊土爲正官格透丁火爲偏財格透辛金爲偏印格若戊丁辛皆不透亦可酌取其一。

癸生亥月干透甲木爲傷官格不透亦可取。

癸生子月子爲癸祿非在八格之內詳於外格篇中。

癸生丑月干透己土爲七殺格透辛金爲偏印格若己辛皆不透亦可酌取其一。

八格之成功

正官為格

（一）日干強又有財來生官（二）日干弱正官強有印生身（三）正官不見七殺混雜。

偏正財為格

（一）日干強財亦強再見官星（二）日干弱財星強有印比護身（三）日干弱財星弱有傷食生財

偏正印為格

（一）日干強印輕逢官殺（二）日干強印亦強有傷食洩身（三）日干強印又多見財透出減弱印綬之力。（但不可財根太深與印互鬪而致印敗）

食神為格

（一）日干強食亦強再見財（二）日干強殺尤過之食神制殺而不見財（三）日干弱食神洩氣太過見印護身。

七殺為格

（一）日干強殺尤過之有食制殺（三）日干弱殺旺有印生身（四）殺身兩停無官混殺。

傷官為格

（一）日干強傷官生財（二）日干弱傷官洩氣有印護身（三）日干強傷官旺而殺印雙透（四）日干強殺重傷

八格之破壞

正官為格

（一）見傷官而無印（二）遇刑冲破害（三）殺來混雜。

正偏財為格

：(七)日干強財輕劫比又重(二)遇刑冲破害(三)日干弱七殺重財又生殺。

偏正印爲格
(一)日干弱印本輕又逢財壞(二)日干弱殺太重而又多官印(三)遇刑冲破害。

食神爲格
(一)日干強食輕又逢梟(二)日干弱食神生財而又露殺(三)遇刑冲破害。

七殺爲格
(一)遇刑冲破害(二)日干弱(三)財黨殺而無制。

傷官爲格
(一)見官(二)日干弱又多財(三)日干強傷官輕而又多印(四)遇刑冲破害。

八格之太過

正官爲格
(一)官星得令又衆多日主衰弱不堪(二)官強身弱又多財星生官。

偏正財爲格
(一)財得令而又衆多日主衰弱不堪(二)財旺身弱又多傷食之洩身生財。

偏正印爲格
(一)印重又得令日弱而財輕(二)印與劫比皆強獨傷食財官輕淺

傷食爲格
(一)傷食太重日主太輕無印或多財(二)身強殺淺傷食重而制殺太過又無財解。

七殺爲格

（一）殺太重身太輕不見傷食（二）財多身弱殺又得財生。

八格之不及

正官爲格

（一）身強過於官又無財星滋官（二）身強過於官又多印之洩官傷食之尅官。

偏正財爲格

（一）身強多比劫祿刃（二）財無傷食之生而多劫印之剝奪。

偏正印爲格

（一）財重無官（二）多比劫祿刃

傷食爲格

（一）印重身輕（二）身弱而財官太多。

七殺爲格

（一）食重無財（二）身強印強。

八格之用神

日主有強有弱格局有成有敗有太過有不及。今有一字能助格局之成功救格局之破敗抑格局之太過日主之太強扶格局之不及日主之太弱此字即用神也。命以用神得力爲上用神不得力爲下無用神爲更下日主格局猶人之軀體用神猶人之靈魂靈魂與軀體豈可須臾相離則用神於命局之重要可以見矣論命者論用神也其可忽乎特述八格用神之取法如後

正官格

日干弱正官爲格財星重取比劫爲用無比劫則用印。

日干弱正官爲格格傷食多取印爲用。

日干弱正官爲格傷食多取印爲用。

日干弱正官爲格官殺重取印爲用。

日干強正官爲格刧比多取官爲用。

日干弱正官爲格刧比多取官爲用。

日干弱正官爲格印多取財爲用。

日干強正官爲格多見傷食宜用財。

偏正財格

日干弱財爲格傷食多取印爲用。

日干弱財爲格重宜用比刧。

日干弱財爲格官殺多見宜用印。

日干弱財爲格若刧比重宜用傷食爲宜用官殺亦佳。

日干強財爲格印多見用財爲宜

偏正印格

日干弱印爲格多官殺宜用印。

日干弱印爲格多傷食尤宜用印。

日干弱印爲格多財宜用刧比。

日干強印爲格比刧重重有官殺則用官殺。無官殺則用傷食。

日干強印爲格重則宜用財。

日干強印爲格財多宜用官殺。

食神格

日干弱。食神爲格官殺多見宜用印。

日干弱。食神爲格官殺多見宜用印。

日干弱。食神爲格財多宜用比刼。

日干弱。食神爲格傷食重取印爲用。

日干弱。食神爲格印多取財爲用。

日干強。食神爲格刼比重重取食傷爲用。

日干強。食神爲格財多取官殺爲用。

七殺格

日干弱。七殺爲格財多以刼比爲用。

日干弱。七殺爲格傷食多見取印爲用。

日干弱。七殺爲格官殺重重取印爲用。

日干弱。七殺爲格印多見取財爲用。

日干弱。七殺爲格比刼多見取財爲用。

日干強。七殺爲格印多取財爲用。

日干強。七殺爲格官殺重重取傷食爲用。

傷官格

日干弱。傷官爲格財多取比刼爲用。

日干弱。傷官爲格官殺多取印爲用。

日干弱。傷官爲格傷食重重取印爲用。

日干強。傷官爲格比刼多宜用七殺。

日干強。傷官爲格印多取財爲用。

八格取用補綴

上述八格用神寥寥數例。豈能包括億萬命造取法亦不足爲規範蓋一命有一命之情形。非權衡通變不爲功拘泥拘執則不免毫釐千里之弊爰再拉雜數語如後藉補遺漏於萬一

用神之需要

（一）有勢有力（如用甲木適當春月。）（二）有援助（如用甲木見乙木或癸水之助）（三）在干得氣（如用甲木亥見寅卯。）（四）在干不見尅合（如用甲木無庚尅己合）（五）在支得干生助（如用巳火得甲木資生丙火幫助）（六）在支無刑冲合害（如用巳火不見亥冲寅刑）（七）既見冲尅而有解救（如用甲木受庚尅幸亦有乙木合庚或丙火尅庚又如用巳火被亥冲幸見卯木三合亥水）

用神之區別

（一）健全　用神無尅合刑冲謂之健全（二）相神　用神之力不足幸有他字生助用神受刑冲尅合幸有他字解救此生助或解救之字謂之相神在命局中與用神有同等之重要（三）格局相兼　如以財爲格用神亦屬財乃格局而兼用神其重要更可知矣

外格篇

論命由陰陽五行干支之生尅進而取八格與用神已可十得八九然尚有越出常理非八格可遍及者遂有外格之設外格名目繁多玆擇其通於理而可徵信者分論於後

曲直格

曲直格之構成　甲乙日干生於春月地支全寅卯辰東方或亥卯未木局而無庚辛申酉等字例如

壬寅　　　甲木生於卯月支全寅卯辰

再如　　　乙木生於卯月地支亥卯

癸亥

癸卯　東方一片秀氣天干又得壬

甲辰　癸甲資生比輔全無庚辛申

甲子　西之冲尅皆爲曲直格

乙卯　未結成木局天干又得癸

乙卯　乙資生比輔全無庚辛申

癸未　西之冲尅亦爲曲直格

曲直格之用神　既已構成曲直格則其秀氣完全萃聚於日干之木即以木爲用神忌金尅伐喜水木相助見火吐秀亦善逢土爲財有火則不妨

　炎上格

炎上格之構成　丙丁日干生臨夏月地支全巳午未南方或寅午戌結成火局無壬癸亥子等字例如

丁巳　丙火生於午月支全巳午未南

丙午　方一片眞火之氣天干又得乙

丙寅　丙丁資生比輔全無壬癸亥子

乙未　之冲尅皆爲炎上格

再如

丙戌　丁火生於午月柱中雖有壬水全無

甲午　水氣且與日干丁火作合地支寅午

丁卯　戌結成火局天干得有甲丙資生比

壬寅　輔無癸水子水亦爲炎上格

炎上格之用神　既已構成炎上格則其秀氣完全萃聚於日干之火即以火爲用神忌水尅滅喜木火相助見土吐秀亦善逢金爲財有土則不妨

　稼穡格

稼穡格之構成　戊己日干生於四季月地支全辰戌丑未或四柱純土而無甲乙寅卯等字如

戊戌　戊土生於未月支全辰

己未　戌丑未一片土氣天干

戊辰　又得戊己一片土氣并無甲乙

癸丑　卯之冲尅皆爲稼穡格

再如

戊辰　辰未皆是土位天干又全

己未　己土日干生於未月地支

戊辰　寅卯之冲尅亦爲稼穡格

稼穡格之用神　既已構成稼穡格則其秀氣完全萃聚於日干之土即以土為用神忌木尅喜火土相助見金吐秀

亦妙逢水為財有金則不妨，

從革格

從革格之構成　庚辛日干。生於秋月地支全申酉戌西方或巳酉丑結成金局無丙丁午未等字。

戊申
辛酉　　庚金生於酉月地支巳酉
庚戌　　戌酉方一片令氣天干戊辛
乙酉　　又資生比輔全無丙丁午未
　　　　之冲尅是為從革格。

再如

戊戌
辛酉　　辛金生於酉月地支巳酉
己巳　　丑結成金局天干又得戊
己丑　　己辛資生比輔無丙丁午
　　　　未之冲尅亦為從革格。

從革格之用神　既已構成從革格則其秀氣完全萃聚於日干之金即以金為用神忌火尅喜土金相助見水吐秀

亦妙逢木為財有水則不妨。

潤下格

潤下格之構成　壬癸日干。生於冬月地支全亥子丑北方或申子辰結成水局。無戊己未戌等字如

壬申
壬子　　壬水生於子月地支申子
壬辰　　辰結成水局天干又得庚
庚子　　壬生資比輔無戊己未戌
　　　　之冲尅是為潤下格。

再如

辛亥
庚子　　癸水生於子月地支全亥
癸丑　　子丑北方天干又得庚辛
癸丑　　癸資生比輔無戊己未戌
　　　　等冲尅亦為潤下格。

潤下格之用神　既已構成潤下格則其秀氣完全萃聚於日干之水即以水為用神忌土尅喜金水相助見木吐秀

亦妙逢火為財有木則不妨。

從財格

從財格之構成　日主衰弱生當財月理取正偏財為格而地支純屬財地或結財局天干再透出生財輔財之字日干卻無一點生旺之氣不能任財只得從之例如

庚戌　丙火日干生於酉月死地正財提綱
乙酉　地支又全成申酉戌財地天干乙木
丙申　被庚合己土又生財日干全無一點
己丑　生氣難以任財是為從財格

再如

戊申　丁火日干生於酉月財地
辛酉　地支巳酉丑申會成財局
丁巳　天干戊辛又資生比輔財
辛丑　星日干無氣亦作從財論

從財格之用神　既已構成從財格則其秀氣完全萃聚於所從之財即以財為用神喜傷食財之幫扶忌比劫剋奪亦忌印之助身逢官不妨

從殺格

從殺格之構成　日主衰弱官旺而多無印滋身身實不能任殺祇得從之例如

戊戌　乙木日干生於酉月絕地年日
辛酉　時支又皆墓絕之鄉七殺當令
乙酉　而又眾多乙木全無生氣豈能
乙酉　任之祇能從殺是即從殺格也

從殺格之用神　既已構成從殺格則其勢力完全在於殺即以殺為用神惟與八格用殺者不同蓋獨喜財殺滋生忌印之洩殺生身劫比抗殺亦非宜

按日主衰弱官旺而多無印滋身身實不能任官可作從官格論其用神之喜忌與從殺格同

從兒格

從兒格之構成　日主衰弱無印生身傷食當旺或且天干結黨地支會局身實不能任其盜洩祇得從之傷食為我

所生。故名從兒格。例如

丁卯

壬寅　寅卯辰東方一氣四柱絕金日

癸卯　主有淺無生實不能任此旺木

丙辰　不得已而從之從兒格成矣

從兒格之用神　既已構成從兒格即以傷食籍秀氣爲用神可也不怕比劫仍去生助傷食也喜逢財星謂之兒又生兒仍得轉輾生育秀氣流行矣逢官殺不利蓋官殺剋身勢必爲己之害耳況官殺與傷食又屬冰炭不容乎最忌印綬因印能剋制傷食也逢傷食爲助用自亦可愛

從旺格

從旺格之構成　四柱皆比劫絕無官殺之制或有印綬之生是旺之極者祇得從其旺神例如

甲木生於仲春支逢兩卯之

乙卯　旺寅之祿支干有乙乙

甲寅　劫癸之印旺之極矣無財官

乙亥　傷食可取唯有作從旺論焉

從旺格之用神　既已構成從旺格即以比劫爲用神喜印綬比劫之生逢官殺謂之犯旺凶禍立至遇財星羣劫相爭九死一生若局中印輕逢傷食不妨

從強格

從強格之構成　四柱印綬重重比劫亦多日主又不失令絕無一毫財星官殺之氣謂之二人同心宜順而不宜逆則即從強可也例如

壬子　甲生卯月值最旺之鄉干見
癸卯　壬癸之印甲木之比地支又
甲子　子水三朋財官絕跡強之極
甲子　矣捨從強之外無其他善策

從強格之用神　既已構成從強格即以強神為用神（可以印綬與比劫並用）逢比劫印綬順其強神最為吉食

傷以有印綬冲尅而必凶見財星官殺謂之觸怒強神勢尤殆矣

化氣格

化氣格之構成

例如

甲日己時
己日甲時　生辰戌丑未月不見木為化土格
己月甲日

丙日辛時
辛日丙時　生申子辰亥月不見土為化水格
辛月丙日

戊日癸時
癸日戊時　生寅午戌巳月不見水為化火格
戊月癸日

戊辰
壬戌　甲木生於九秋土旺
甲辰　乘權甲己合而化土
　　　不見他木則無尅破

乙日庚時
庚日乙時　生巳酉丑申月不見火為化金格
乙月庚月

壬日丁時
丁日壬時　生亥卯未寅月不見金為化木格
丁壬月

甲申　乙庚合而化金時在
癸酉　仲秋化神得令四柱
乙丑　無火之尅破殆亦傑

己巳　而格局純粹矣

甲辰　多水方旺丙辛合而
丙子　化水又見壬水元神
辛丑　美妙無倫辰丑皆溼
壬辰　土不以尅破論也

庚辰　出之造也

己卯　丁壬合而化木因在
丁卯　仲春爲木之最旺時
壬午　令格局純粹八字無
癸卯　金尤爲可貴耳

丙戌
戊戌　戊癸合而化火雖不在夏火當
癸巳　旺之令然有丙巳兩火之引化
甲寅　甲寅兩木之助化且不見水星
　　　之尅自亦化而有餘之象

化氣格之破敗

（一）因尅而破敗例如
庚戌　丙辛相合時在仲
戊子　多化水成立乃戊
辛未　土未土戌土競相
丙申　尅水格局破矣

（二）因妬而破敗例如
甲戌　仲春木旺丁壬可以化
丁卯　木然化由合而成今夫
壬午　兩丁妬合一壬合且因
丁未　妬而分力遑論化耶

（三）因化而破敗例如
壬辰　甲己化土於季夏旣

丁未
甲子
己巳

因丁壬化木於年月。
木來尅土是謂化神。
破化神格亦敗矣。

化氣格之轉敗為成

（一）尅而破破而復成例如

庚辰
乙丑
丙申
辛酉

此因合而轉敗為成也。
命合絆丙火害而不害。
丙火之破金幸年干辛。
乙庚化金於秋月所畏。

甲戌
己巳
甲申
丁丑

甲己化土而得令憾於年頭
因生而轉敗為成也。
上逢淺甲木而生助化神此
甲木之破土所幸丁火居月

（二）因妒而破破而復成。

壬寅
壬子
丁未
丁未

壬日左右皆丁。縱在未月固妒而化
木不成然年干永壬戌雨丁而壬如
墊人雙雙何妒之有則仍化木而無
疑矣此因合而轉敗為成也。

甲子
戊辰
丙申
辛卯

時在辰月支全申子辰丙辛
合而化水獨畏戊土破化然
有甲先制戊戊不能為化神
之害此因尅而轉敗為成也。

丁丑
辛亥
丙午
辛卯

丙火多生礙於兩辛妒合不能
化水尚幸年丁尅去月辛丙日
仍可合時上之辛而化為水也
此因尅而轉敗為成耳。

化氣格之必不可成者

（一）隔位例如

辛亥　丙生子月辛透年

庚子　上年日之地位遠

丙寅　隔合且勉強豈可

壬辰　進而化水哉

化氣格之用神　既已構成化氣格自喜生助化神惟化神太強亦有喜洩而以洩者為喜或化格逢破而得救即以救神為用神然終無以剋破化神之字為用神者也至於喜忌順用神則為喜逆用神則為忌即以順逆之機消息可也

建祿格

建祿格之構成　凡月支為日干之祿甲日寅月乙日卯月丙戌日巳月丁己日午月庚日申月辛日酉月壬日亥月癸日子月皆為建祿格因不在八格之內故立於外格篇

建祿取格之原因　月支為命局之提綱八格由是取出日干強弱亦由此推定提綱得祿先得月令之旺氣日主必不甚衰猶人之精神已充總可做些事業若再財官印食等四配適當尤為美命無疑年支日支時支得祿輔身力弱俗書雖多取以為格然終不若建祿之重要無足可貴也

建祿格之用神

建祿格財多身弱者用比劫最宜

建祿格財多身強者用官殺最宜無官殺用傷食亦可

建祿格官殺多身弱者用印最宜

（二）不得月令例如

丙午　丁壬雖緊貼相合然以時非木令豈能化

戊戌　木縱化矣亦不得旺乘權格局焉能成立

丁亥　雖不必春日木令方可化木但亦須在亥

壬寅　未之月蓋木生於亥而庫在未也

建祿格官殺多身強者用財最宜。

建祿格傷食多身弱者用印最宜。

建祿格傷食多身強者用財最宜。

建祿格比劫多用官殺最宜。

建祿格印多用財最宜。

月格

月刃格

月刃格之構成　凡月支爲日干之刃甲日卯月庚日酉月壬日子月皆爲月刃格因不在八格之內故附論於外格篇。

月刃取格之原因　甲日卯月庚日酉月壬日子月月建皆爲劫財劫財無取格之理祇得取月刃爲格蓋刃者極旺之地位日干既強極若多財殺亦爲美造惟不宜再多幫身否則爲下命決矣

月刃之不取者　刃乃旺而越過其分總是凶暴之物臨於提綱其勢更強舒配得當方可賴以輔身敵殺否則奪財滋禍影響尤大除甲日卯月庚日酉月壬日子月無別格可取祇得取刃下列諸命皆應避去而覺別字爲格

乙日寅月不取刃格而取寅內丙火傷官或戊土偏財

丙日午月不取刃格而取午內丙火傷官

戊日午月不取刃格而取午內丁火正印

丁日巳月不取刃格而取巳內庚金正財或戊土傷官

己日巳月不取刃格而取巳內丙火正印或庚金傷官

辛日申月不取刃格而取申內戊土正印或壬水傷官

癸日亥月不取刃格而取亥中甲木傷官

月刃格之用神

月刃多財宜用官殺。

月刃多官殺宜用財。

月刃多傷食亦宜用財。

月刃多比刦必用官殺。

月刃多印宜用財。

月刃而滿盤財官傷食宜取印爲用。

外格結論

攷八字有外格之設無非爲其越出常情也然越出常情亦得有規矩存焉否則離亂無章直爲下命耳上述各外格。雖寥寥無幾但皆稟一氣之旺而殊嚴格於規律者非若他格之求諸迂迴曲折或散漫無紀也今請一一言之彊祿格月刃格皆得月令之旺也曲直炎上潤下從革稼穡等格亦得時令之旺而成局成方較有秩序者也從財從官從殺從兒從旺等格亦一氣之旺惟旺於神非日主本身之旺耳化氣格乃以化神之得旺而成立要言之異途而同歸皆成於一旺字也若身旺而月非祿刃身旺而支僅亥未或卯辰以致出直不金從財從官而日主有根從兒而有官印從旺從強而略帶財官合化而不得時令是皆下等之命豈可與各外格同日而語哉毫釐千里之別不可不愼察也化氣格變幻較多但亦通於理者惟不易推究耳如己合甲仍是土庚合乙仍是金然單已之土丁壬兩見自以印財論合甲之土丁壬兩見卽以印傷論合乙之庚戊癸兩見卽以火論矣善日主旣因合而化則他干亦得逢合而化但地支逢合不作化論因支中所藏人元不止一字再兼本支複雜錯綜化不勝化矣或詢從旺與從強有何分別此乃昭然兩義從旺者本身之旺也印綬不過爲其賓耳從強者身與印傳均

而兩神皆旺也。

韋氏命學講義　卷六

韋千里編著

行運篇

人之富貴貧賤。窮通善惡已在八字中而定。惡乎復用行運爲哉顧人之窮通善惡雖不能出乎八字之外而行運扶之抑之足使善者益善惡者愈惡此行運之所以不可忽也。

行運之能力

（一）八字純善幷無惡神破壞（甲）行扶善運足使善者益善功名富貴無可限量（乙）行破壞運雖不爲害而必略見抑塞稍不如志。

（二）八字雖善而有惡神破壞（甲）行去惡運則八字中所有之好處立至（乙）再見已破壞之善神及所制之惡神則壞處亦立見。

（三）八字純惡幷無善神制伏（甲）再行激惡運足使惡者愈惡其貧賤災禍慘不忍聞（乙）行制伏運雖不能爲福而小草春風亦可片時得志。

（四）八字雖惡却有善神制伏（甲）行去善運則八字中所有之壞處立見（乙）再見所制之善神則好處亦立見。

善運惡運之分析

日干弱正官爲格財星重取比刼爲用無比刼則用印逢印比之運爲善財官之運爲惡。

日干弱正官爲格食傷多取印爲用逢官印之運爲善傷財之運爲惡。

日干弱正官爲格官殺重取印爲用逢印比之運爲善財官七殺之運爲惡。

日干強正官爲格官殺重取印爲用逢財官之運爲善印比之運爲惡。

日干強正官爲格劫比多取官爲用逢財官之運爲善印比之運爲惡。

日干弱正官爲格印多取財爲用逢財食之運爲善比之運爲惡。

日干強正官爲格印多見傷官宜用財逢財官之運爲善比刼之運爲惡。

日干弱財爲格印多取財爲用逢財官食之運爲善印比之運爲惡。

日干強財爲格若刼比重重用財爲用逢財官之運爲善印比官殺之運爲惡。

日干弱財爲格官殺多見用印比逢印比之運爲善財官七殺之運爲惡。

日干弱財爲格財重用比刼逢印比之運爲善財官傷食之運爲惡。

日干強財爲格比刼重重有官殺則用官殺無官殺則用傷食逢官殺傷食之運爲善逢刼比印鄉爲惡。

日干弱財爲格多財用刼比逢印比之運爲善傷食財鄉爲惡。

日干強財爲格多官殺用傷食逢傷食之運爲善財官之運爲惡。

日干弱財爲格多傷食用印比逢印比之運爲善傷食財鄉爲惡。

日干強財爲格多見官殺用傷食逢傷食官之運爲善財官殺之運爲惡。

日干強印爲格官殺多用財逢財官之運爲善印比之運爲惡。

日干弱印爲格多用官殺逢官印之運爲善傷財官殺之運爲惡。

日干強印爲格財多用官殺逢官印比劫之運爲惡。

日干弱食神爲格財多用比劫逢官印比之運爲善傷食財鄉爲惡。

日干強食神爲格印多用比劫逢官印之運爲善傷食財鄉爲惡。

日干弱食神爲格印重取印爲用逢官印比之運爲善傷食財鄉爲惡。

日干強食神爲格印多取財爲用逢傷食財鄉爲善印比之運爲惡。

日干強食神爲格刦比重取食神爲用。逢傷食財鄉爲善印比之運爲惡。

日干強食神爲格財多取官殺財鄉爲用逢傷食財鄉爲善印比之運爲惡。

日干強食神爲格財多取官殺爲用逢官殺財鄉爲善印比之運爲惡。

日干弱七殺爲格財多以刦比爲用逢印比之運爲善傷財之運爲惡。

日干弱七殺爲格傷食多見取印爲用逢印比運爲善傷財之運爲惡。

日干弱七殺爲格官殺重重取印爲用逢印運爲善傷食財運爲惡。

日干強七殺爲格殺重重取傷食爲用逢財殺之運爲善印比之運爲惡。

日干強七殺爲格印多見取殺爲用逢財殺之運爲善印比之運爲惡。

日干強七殺爲格印多取財爲用逢傷財之運爲善官殺之運爲惡。

日干弱傷官爲格財多取印比爲用逢印比之運爲善財官之運爲惡。

日干弱傷官爲格傷食重重取印爲用逢官印之運爲善財官之運爲惡。

日干弱傷官爲格官殺多取印比爲用逢官印比刦之鄉爲惡。

日干強傷官爲格傷食重重取財印爲用逢財官之運爲善印比之運爲惡。

日干強傷官爲格格比刦多取財爲用逢財官之運爲善印比之運爲惡。

日干強傷官爲格印多取財爲用逢財殺運爲善印比之運爲惡。

日干強傷官爲格印多取財爲用逢傷食財鄉爲善印比之運爲惡。

曲直格逢水木火運爲善金運爲惡。

炎上格逢木火土運爲善水運爲惡。

稼穡格逢火土金運爲善木運爲惡。

從革格逢土金水運爲善火運爲惡。

潤下格逢金水木運爲善土運爲惡。

從財格逢傷食官殺運爲善印比之運爲惡。

從殺格逢財殺運爲善印比之運爲惡。

從兒格逢傷食財鄉爲善逢官殺印綬爲惡

從旺格逢印綬比刦之運爲善逢財官運爲惡

從強格逢印綬比刦之運爲善逢財官傷食之運爲惡

化土格逢火土金運爲善木運爲惡

化火格逢木火土運爲善水運爲惡

化木格逢水木火運爲善金運爲惡

化水格逢金水木運爲善土運爲惡

化金格逢土金水運爲善火運爲惡

建祿格逢木火土運爲善水運爲惡

建祿格財多身弱者用比刦逢印比之運爲善財官之運爲惡

建祿格財多身強者用官殺逢財官之運爲善印比之運爲惡

建祿格財多身強者用財逢財官之運爲善印比之運爲惡

建祿格財多身弱者用傷食逢財官之運爲善印比之運爲惡

建祿格官殺多身弱者用印逢印比之運爲善財官之運爲惡

建祿格官殺多身強者用財逢傷食財鄉爲善印比之運爲惡

建祿格官殺多身強者用傷食逢傷食財鄉爲善印比之運爲惡

建祿格傷食多身強者用財逢傷食財鄉爲善印比之運爲惡

建祿格傷食多用官殺逢財官之運爲善印比之運爲惡

建祿格比刦多用官殺逢財官之運爲善印比之運爲惡

月刃多財用官殺逢財官之運爲善印比之運爲惡

月刃多官殺用財逢傷食財鄉爲善印比之運爲惡

月刃多傷食用財逢傷食財鄉爲善印比之運爲惡。

月刃多劫比用官殺逢財官之運爲善印比傷食之運爲惡。

月刃多印用財逢傷食財鄉爲善印比之運爲惡。

月刃而滿盤財官傷食取印爲用逢印比之運爲善財官傷食之運爲惡，

運之善惡總論

（一）利於用神者爲善運（二）利於用神之運而被柱中他神尅去或合住者善而不善但亦不惡平庸而已。

（三）不利於用神者爲惡運（四）不利於用神之運而被柱中他神尅去或合住者惡而不惡但亦不善平庸而已。

行運年數

古法以一干及一支爲一運一運管十年。今人以一干一支各爲一運一運管五年。此立法之不同，而休咎有異矣。蓋古法一運之吉凶須干支並看今人則走天干運即以該干論吉凶走地支運即以該支論吉凶管見謂折衷辦法最爲精當何謂折衷辦法即如甲午運前五年注重甲字兼看午字甲占七分午占三分後五年注重午字兼看甲字午居七分甲居三分再舉群例以明之例如

甲子　運逢甲乙又逢亥子丑財多身弱爲患。

丁丑　運逢甲戌忌甲之輔財喜戌之幫身前

辛亥　五年七分甲而三分戌凶多於吉後五

乙未　年七分戌而三分甲吉多於凶

行運雜綴

身旺而四柱傷盡官星行財運則當發福。

用官而見傷官妙入財印之運。

用傷官而多者宜印運。

用傷官而少者忌印運。

用傷官而見官者運入官旺鄉。禍不堪言雖有吉神解救亦必生惡疾甚至殘軀或遭官事。

傷官原有官星行去官運發福。

傷官帶印不宜再行財運。

傷官用印運行官殺為宜印運亦吉傷食不礙財運則凶。

傷官多印比而財淺者喜行財運或傷官運。

傷官用財者行財得地運發福逢敗財運必死。

傷官用財不宜比劫運。

傷官用財行財旺身輕運則吉。

傷官而用殺印印運最利傷食亦亨雜印非吉逢財即危。

四柱殺旺運純身旺為官清貴（運純獨行制殺運也）

時上偏官無制伏行制運亦可發福

柱中七殺坐祿乘旺如自坐長生臨官帝旺又帶比劫財能化鬼為官運入印鄉必發。

制殺太過為貧儒但行財運醒殺亦發威權

七殺乘旺身又逢刃貴不可言只忌財旺生殺歲運加之身旺且多災身弱則尤甚。

殺強身弱有印最忌財運

殺旺身弱行身弱運禍不旋踵。

身強殺淺殺運無妨。

身殺俱旺殺無制伏又行殺旺運。雖貴不久。

殺重宜制如行官殺運不死必貧。

七殺行官殺混雜之運。或制伏太過之運多去官退職甚至凶死。

殺用食制殺重食輕則喜助食之運殺輕貪重則喜助殺之運。

殺食平均而日主根輕則喜助身之運。

殺帶正官不論去官留殺去殺留官身輕則喜助身食。

日干衰弱但不能從殺殺即有制有化歲運逢財殺旺地必成災禍倘更無制無化歲運逢財逢殺旺地無不危亡。

身殺兩等行運審可扶身

原有制伏殺出為禍原無制伏殺出為禍（原有即八字既有七殺又有制殺殺出即行殺譚也此指身弱而言）

官星純正行運復得官旺之鄉。或官星成局之運。或財旺生官之地皆是作福之處。（此指身強而言）

日干弱財官旺又有殺混行運復遇便是徒流之命

正官如月時竅犯天干多透再行官旺鄉變官為鬼旺處必傾多致災夭。

正官格行殺運即是殺來混官

正官格行墓運即是官星入墓

財官旺強日主衰弱行運至財殺旺鄉多染勞瘵。

正官為用大忌行運至傷官之地更忌刑冲破害之運。

正官而用財印身運稍輕則喜助身運官稍輕則喜助官運。

正官用財運喜印綬身旺之地切忌食傷然若身旺而財輕官弱仍喜財官運也。

正官帶傷食而用印制運喜官旺印旺之鄉正官而帶殺其命中用比合殺則財運可行傷食可行只不可復露七

殺若命中傷官合殺則傷食與財俱可行而不宜逢印矣

食神多者宜行印運。

食神少者忌行印運。

貪神喜行身旺地遇梟逢比總成空。

身旺印多財運無妨身弱有印殺運何妨。

印有比肩喜行財運印無比肩畏行財運

貪財壞印喜行比刦之鄉

印綬太過不喜再行身旺地。

財多用印運喜比肩之地。

印太輕宜官殺運生之印太多須財運制之。

財多身弱畏入財鄉

財多身弱身旺運以爲榮身旺財衰財旺鄉而發福

財多全仗印扶身喬木家聲醬有名不但妻賢兒子秀晚年財帛累千金。

柱中無財若行財運雖美有名無實

財多身弱又行官鄉或財旺之運禍患百出

財多身弱要印扶身身旺財衰財怕刦分奪

刃用官則運喜助官若命中官根深則印綬比刦之方反爲美運刃用殺殺不甚旺則運喜助殺殺若太重則運喜

身旺

小盈大虧恐是劫財之地。

財多身弱遇刦爲福。

財弱身旺見刦爲禍。

多刦又遇刦運守窮途而懷惶。

流年篇

流年看法

（一）流年干支利於用神爲善。

（二）流年干支不利於用神爲惡。

（三）流年干支利於用神但爲局中他神剋去或合住善而不善然亦不惡。平庸而已。

（四）流年干支不利於用神但爲局中他神剋去或合住惡而不惡然亦不善平庸而已。

流年與運之關係

（一）流年善運亦善則更妙。

（二）流年善運惡則善惡互見。

（三）流年惡運亦惡則更惡。

（四）流年惡運善則善惡互見。

（五）流年善惟被局中某神剋合若運來制住剋合之神則仍佳妙。

（六）流年惡惟被局中某神剋合若運來制住剋合之神則仍蹇劣。

（七）流年善惟被局中某神剋合若運來生輔剋合之神則凶多吉少。

（八）流年惡運惟被局中某神剋合若運來生輔剋合之神則吉多凶少。

（九）流年善運若生助之則更善。

（十）流年惡運若生助之則更惡。

（十一）流年善運若剋挫之則善力減輕。

（十二）流年惡運若剋挫之則惡力減輕。

流年之干支

有謂流年重天干亦有以天干為上半年地支為下半年皆非的論當以干支並看最較精確其法有十二。

（一）流年干支皆利於用神乃大吉之年。

（二）流年干支皆不利於用神乃大凶之年。

（三）流年天干利於用神地支不利於用神乃吉凶參半之年。

（四）流年天干不利於用神地支益助用神亦吉凶互見之年。

（五）流年天干利於用神而地支再輔助之大吉之年。

（六）流年天干不利於用神而地支再輔助之大凶之年。

（七）流年天干利用於神而天干再輔助之大吉之年。

（八）流年地支不利用於神而天干再輔助之大凶之年。

（八）流年地支利用於神而天干剋挫之吉力減輕。

（十）流年天干利用於神而地支剋挫之凶力減輕。

（十一）流年地支利用於神而天干剋挫之吉力減輕。

（十二）流年地支不利用於神而天干剋挫之凶力減輕。

月建篇

月建看法

（一）月建干支利於用神爲善。

（二）月建干支不利於用神爲惡。

（三）月建干支利於用神但爲局中他神剋去或合住善而不善然亦不惡平庸而已。

（四）月建干支不利於用神但爲局中他神剋去或合住惡而不惡然亦不善平庸而已。

月建與流年之關係

（一）月建善流年亦善則更炒。

（二）月建善流年惡則善中有惡，

（三）月建惡流年亦惡則更惡。

（四）月建惡流年善則惡中有善。

（五）月建善惟被局中某神剋合若流年制住剋合之神則仍佳妙。

（六）月建惡惟被局中某神剋合若流年制住剋合之神則仍蹇劣。

（七）月建善惟被局中某神剋合若流年生輔剋合之神則凶多吉少。

（八）月建惡惟被局中某神剋合若流年生輔剋合之神則吉多凶少。

（九）月建善流年再生助之則更善。

（十）月建惡流年再生助之則更惡。

（十一）月建善流年若剋挫之則善力減輕。

月之建干支

月建看法月干重於月支因支流動而干固定月建即流月也或以干為上半月支為下半月不甚可信總宜干支

合看亦有以月支所藏人元分何者當旺幾天而定幾天吉凶更不足信蓋完全偏重於月支誠如此說則月建可

無須月干矣看命中強弱且不能以建中人元旺幾天而標定況流年中之流動月建耶

（十二）月建惡流年若剋挫之則惡力減輕

月建與時令

正月必為寅月二月必為卯月月支固定故不若月干之重視然而時令與月建頗有關係焉特臚述如後

（一）春令木旺甲寅月乙卯月甲辰月則木更盛丙寅月丁卯月丙辰月則火得木生而亦強戊寅月己卯月戊辰

月則土被木剋而不健庚寅月辛卯月庚辰月則金為木挫而無力壬寅月癸卯月壬辰月則水受木洩亦疲弱

（二）夏令火旺丁巳月丙午月丁未月則火更盛己巳月戊午月己未月則土得火生而亦強辛巳月庚午月辛未

月則金被火熔而不健癸巳月壬午月癸未月則水為火灼而無力乙巳月甲午月乙未月則木受火洩亦疲弱

（三）秋令金旺庚申月辛酉月庚戌月則金更盛壬申月癸酉月壬戌月則水得金生而亦強甲申月乙酉月甲戌

月則木被金剋而不健丙申月丁酉月丙戌月則火為金鎔而無力戊申月己酉月戊戌月則土受金洩亦疲弱

（四）冬令水旺癸亥月壬子月癸丑月則水更盛乙亥月甲子月乙丑月則木得水生而亦強丁亥月丙子月丁丑

月則火被水剋而不健己亥月戊子月己丑月則土因水泛而無力辛亥月庚子月辛丑月則金受水洩亦疲弱

（五）四立前各十八天土旺戊辰月己未月戊戌月己丑月則土更盛庚辰月辛未月庚戌月辛丑月則金得土生

而亦強壬辰月癸未月壬戌月癸丑月則水被土剋而不健甲辰月乙未月甲戌月乙丑月則木為土折而無力

丙辰月丁未月丙戌月丁丑月則火受土洩亦疲弱

一〇〇

韋氏命學講義 卷七

韋千里編著

六親篇

（何爲六親）六親者父、母、兄弟、妻子是也。

（六親之更定）舊論父子殊多謬誤（詳見命理約言）特更定六親看法如後。

（一）（父）男女命皆以生我之印爲父

（二）（母）仝父

（三）（夫）剋我之官殺爲夫。

（四）（妻）所剋之財爲妻

（五）（兄弟）男女命皆以同我之比刼爲兄弟。

（六）（子）男女命皆以我生之傷官食神爲子

父母妻子之宮位

（一）月爲父母。

（二）日支爲妻（女命爲夫）

（子）時爲子息。

六親分論

（一）妻

妻之吉

用神即是財神妻美而且富貴

用神與財神不相悖背妻亦美好

財旺身強者富貴多妻妾

官星弱遇食傷又有財妻賢而不剋

刦刃旺而財輕有食傷妻賢不剋

日支為財財為用神必得妻財妻力

財神薄有助財之字或財旺身弱有比刦或財神傷印有官星或財薄官多有傷官皆主妻賢

身強殺淺財星滋殺或官輕傷重財星化傷或印綬重疊財星得氣皆主妻賢而富或得妻財致富刦比多財藏庫

內（如甲日多乙己財藏於丑內）妻亦賢而不剋

財星深藏有冲動引助（如庚日乙財藏於辰內有戌冲開及干上丁火護乙或癸水生乙）亦主妻賢

妻之不吉

財神洩氣太重妻不得力

身旺無財妻難偕老財神輕而無官比刦多剋妻

財神重而身弱無比刦剋妻

官殺旺而用印見財星主妻陋而剋

官殺輕而身旺見財星遇比刦主妻美而剋

刦刃重財星身旺有食傷逢梟印主妻遭凶死

日支不利於用神妻不得力

日支被冲妻室喪亡

財星微官殺旺無食傷有印綬主妻有弱病。

刦刃旺而無財有食傷主妻賢必刦妻陋不傷。

日主喜財財被合化者主妻有外情。

殺重身輕財星生殺或官多用印財星壞印或傷官佩印財星得局皆主妻不賢而陋或因妻招禍傷身。

（二）夫

夫之榮枯

官星太旺以傷官救之傷官之力有餘則夫榮不足則夫枯。

官星太微以財救之財力有餘則夫榮不足則夫枯。

傷官旺而無財官以印救之印力有餘則夫榮不足則夫枯。

官星太旺無比刦以印救之印力有餘則夫榮不足則夫枯。

官星太弱有傷官以財救之財力有餘則夫榮不足則夫枯。

滿盤比刦而無印無官者以傷食救之傷食救之力有餘則夫榮不足則夫枯。

滿局印綬而無官無傷者以財救之財力有餘則夫榮不足則夫枯。

傷官旺日主衰以印救之印力有餘則夫榮不足則夫枯。

日主旺傷食多以財救之財力有餘則夫榮不足則夫枯。

官星輕印綬重亦以財救之財力有餘則夫榮不足則夫枯。

官有殺混以食神救之食神之力有餘則夫榮不足則夫枯。

日支利於用神則夫榮不利於用神則夫枯。

夫之刑尅

官星微無財星日主強傷官重必尅夫。

官星微無財星日主旺印綬重必尅夫。

比刦旺而無官必尅夫。

印旺無財必尅夫。

官星旺印綬輕必尅夫。

比刦旺無官星有傷官印綬重必尅夫。

食神多官星微有印綬遇財星必尅夫。

日支為官逢冲夫難偕老。

（三）父母

父母之吉

年月官印相生日時財傷不犯必上叨蔭庇。

年官月印日印祖上清高。

年財月印日主喜印時日逢官者知其幫父興家。

年傷月印日主喜印時日逢官者知其父母創業。

年官月印日主喜官時日逢財出身富貴守成之造。

財官印綬在於月上為日主之喜神父母不富亦貴。

印不論偏正但不遭冲尅則父母俱全。

印之扶抑合宜則父母雙壽。

印帶貴氣（如印受官生或印兼貴人或印為用神）父母榮顯。

父母之不吉

日主喜官月上傷官。

日主喜財月上刧財。

日主喜殺月上逢財。

日主喜比刧月上逢官殺。

日主喜殺月上食神。

日主喜傷食月上逢印。

（以上皆主父母不得力）

印遭冲剋父母不全。

印破用神父母多累。

印衰多財父母早喪。

財官印綬在於月上爲日主之忌神父母不貧亦賤。

印重身輕亦主不得父母之力且重仔肩之累。

印重而官殺又多父母亦不得力。

（四）子女

子女之吉

日主旺無印綬有食傷子必多。

日主旺印綬重食傷輕有財星子多而賢。

日主旺無印綬食傷伏有官殺子必多。

日主旺比劫多無印綬食傷伏子必多。

日主旺官綬食傷伏子必多。

日主旺傷官旺無財印子多而強。

日主旺傷官輕有印綬財得局子多而富。

傷食扶助用神子必佳。

日主弱食傷重有印綬無財星必有子。

日主弱食傷有印綬無財星必有子。

日主弱無官星有傷食必有子。

食傷不遭冲剋必有子。

食傷喜扶而得扶喜抑而得抑則多子。

命中用神卽食傷子多而得力。

用神居時子息繁衍或得子息之力。

子女之不吉

日主旺印綬重食傷輕子必少。

日主弱印綬輕食傷重子必少。

日主弱食傷輕無比劫有官星子必無。

日主弱食傷有印綬遇財星雖有若無。

日主旺有印綬無財星子必少。

日主旺食傷旺有印綬無財星子必少。

日主旺印綬重無財星必無子。

日主旺官殺旺必無子。

日主弱食傷旺無印綬必無子。

火炎土燥無子。

水泛木浮無子。

金寒水冷無子。

重疊印綬無子。

財官太旺無子。

滿局食傷無子。

食傷遭冲剋無子。

食傷受扶太過無子。

食傷受抑太過無子。

食傷破壞用神少子或子不得力。

剋破用神之字居於時上子不得力。

（五）兄弟

兄弟之吉

殺旺無食或殺重無印得劫財合殺必得兄弟之力。

殺旺食輕或印弱逢財得比肩敵殺制財亦主兄弟得力。

財生殺黨比劫幫身大被可以同眠。

日主雖衰印旺月提兄弟成羣。

財輕劫重食傷化劫可無斗粟尺布之謠。

財輕遇劫官星明顯不作煑豆燃箕之詠。

兄弟之不吉

主衰有印財星逢刦反許棠棣之競秀。

比刦非太過亦非不及兄弟必敬愛。

比刦為用神尤得兄弟之力。

官輕傷重比刦生傷必遭兄弟之累。

制殺太過比刦助食亦主兄弟多累。

財輕刦重印綬制傷不免司馬之憂。

殺重無印主衰傷伏鴒原能無興歎。

身旺逢梟刦重無官獨自主持。

梟比重逢財殺伏未免折翎之悲啼。

比刦破壞用神兄弟多累。

比刦被用神所破自己興而兄弟衰。

比刦應扶而不得扶或應抑而不得抑兄弟非稀少即枯澀。

女命篇

女命看法

女命看法與男命無大異惟女重夫子二星取用之道能夫子自身三者兼顧最妙否則寧願身主較弱夫星與子星切不可受挫再次必須顧全夫星更次必須顧全子星總以夫子兩全者為上命至少或夫或子有一可靠若全

不可恃則為下命決矣。

女命取用大法

（一）日主強傷食多。取財爲用。

（二）日主強傷食多。無財取印爲用。

（三）日主強傷食多。無財無印取傷食爲用。

（四）日主強官殺多。取傷食爲用。

（五）日主強官殺多。無傷食取財爲用。

（六）日主強官殺多。無傷食無財以官殺爲用。

（七）日主強財多。取官殺爲用。

（八）日主強財多。無官殺取傷食爲用。

（九）日主強財多。無官殺無傷食取財爲用。

（十）日主強印多。取財爲用。

（十一）日主強印多。無財取官殺爲用。

（十二）日主強印多。無財無官殺取傷食爲用。

（十三）日主強比刧多。取官殺爲用。

（十四）日主強比刧多。無官殺取傷食爲用。

（十五）日主強比刧多。無官殺無傷食取財爲用。

（十六）日主弱傷食多。取印爲用。

（十七）日主弱傷食多。無印取財爲用。

（十八）日主弱傷食多。無印無財取比刧爲用。

（十九）日主弱官殺多取印爲用。

（二十）日主弱官殺多無印取傷食爲用。

（二十一）日主弱官殺多無印取無傷食取比劫爲用。

（二十二）日主弱財多取比劫爲用。

（二十三）日主弱財多無比劫取官殺爲用。

（二十四）日主弱財多無比劫無官殺以印爲用。

（二十五）日主弱印多取財爲用。

（二十六）日主弱印多無財取比劫爲用。

（二十七）日主弱印多無比劫無財取官殺爲用。

女命取用解釋

（一）日主強傷食多身主既健子星亦美取財爲用蓋賴財生官殺則夫亦榮矣。

（二）日主強傷食多無財身主子星雖美官殺直接受傷食之剋夫星有缺取印爲用蓋賴印制傷食以保官殺之夫星耳。

（三）日主強傷食多無財無印祇身主與子星之佳官殺受食傷之剋而無救夫不可靠取傷食爲用蓋唯有鞠養愛子恃以終老耳。

（四）日主強官殺多身主與夫星皆健取傷食爲用蓋冀子星亦成立也且官殺多而用傷食制之亦幫夫之道耳。

（五）日主強官殺多無傷食僅身主與夫星之健取財爲用蓋賴財幫夫耳。

（六）日主強官殺多無傷食無財祇身主與夫星兩健以官殺爲用蓋從夫管束亦婦道之順也。

（七）日主強財多身主健幫夫重取官殺爲用則夫得財助大有可造矣。

（八）日主強財多無官殺身雖健壯夫雖重奈無夫星可助則取傷食為用夫既不可靠唯恃乎子矣。

（九）日主強財多無官殺無傷食如人之無夫無子尚幸有財尚可度生則不用財星將歸諸誰耶。

（十）日主強印多身既健復得父母旺氣太強則趨剛非婦道之宜取財為用蓋賴財制印稍殺其威並以幫夫。

（十一）日主強印多無財制印身旺已極取官殺為用雖不能拘身官殺究屬夫星如健婦雖不受夫制但終須嫁夫從夫也。

（十二）日主強印多無財無官殺身既太旺夫又無靠則唯子之是恃故以傷食為用也且日主得印生而生傷食輾轉相生則靈秀之氣亦可吐發矣。

（十三）日主強比劫多身主未免太旺用官殺以拘身並為夫星宜矣。

（十四）日主強比劫多無官殺是旺而無制且無夫星可恃則用傷食以洩氣並為子星宜矣。

（十五）日主強比劫多無傷食無官殺是旺而無洩剋且夫子不可靠取財為用蓋財分我力亦可稍殺我勢且賴以為養命之源也。

（十六）日主弱傷食多取印為用蓋印能制傷食保官殺幫弱主所謂夫子自身三全者皆印之功也

（十七）日主弱傷食多無印身既弱極夫星亦危（官殺多傷食之剋無印之救）取財為用蓋財能洩傷食而生官殺仍保兩全僅自身較弱而已

（十八）日主弱傷食多無印無財夫危不可靠子息亦艱（傷食多身弱必無子）則唯保身為尚故以比劫幫身為用也

（十九）日主弱官殺多夫重身輕取印為用蓋印能洩官殺而生我身與夫得平勻之妙矣

（二十）日主弱官殺多無印夫太重身太輕取傷食為用蓋賴以制官殺自身雖愈弱夫子得兩平亦計之善也

（二十一）日主弱官殺多無印無傷食則既夫子兩不可靠。（無傷食則子星爲不及官殺重則夫星爲太過）唯強身是尚故取比劫幫身爲用也。

（二十二）日主弱財多取比劫爲用蓋賴制財則保身生傷食則全子也。

（二十三）日主弱財多無比劫則身弱子艱（財多則傷食受盜洩身弱則傷食欠生助子自艱矣）取官殺爲用。蓋官殺洩財既可稍殺財勢亦全夫星之美也。

（二十四）日主弱財多無比劫已身弱子艱又無官殺則夫星亦不可靠其唯強身是尚故取印生身爲用也。

（二十五）日主弱印多夫星皆不足（主弱則身不足印多剋傷食則子不足印多洩官殺則夫不足）取財爲用。蓋財能壞印生官殺三者之病盡去矣。

（二十六）日主弱印多夫子身皆不足又無財之生官殺並去印則比用劫幫身而生食傷庶身與子得兩全也。

（二十七）日主弱印多無比劫無財取官殺爲用蓋求夫星之成立也。

富貴吉壽篇

（富）

財旺生官官星衛財。

梟印而財能壞印。

喜印而財能生官。

傷食重而財神流通。

財神重而傷食有限。

無財而暗成財局。

財露而傷食亦露。

身旺財旺而有食傷或有官殺。

身旺印旺食傷輕而財星得局。

身旺官衰印綬重而財星當令。

身旺劫旺（經注誤旺）而有食傷。

身弱財重無官印而有比劫。

財爲用神而不遭剋破或財助用神而有力。

凡命局有如上述情形皆主富也。

（貴）

印旺官衰財能壞印。

官旺身弱財能生印。

身旺官弱財能生官。

官星藏而財亦藏。

無官而暗成官局。

官星旺而財神有節。

財神旺而官星通達。

喜比刦而官能生印。

忌比刦而官能去比刦。

官旺身旺印綬衛官。

印衰官旺財星不現。

剋重財輕官能去剋。

財星壞印官能生印。

印露官亦露。

官爲用神而不遭剋破。

官助用神而有力。

（以上所言之官偏官正官並指）

用正官而無偏官混雜。

用偏官而無正官混雜。

偏官旺過於身而有食神制住

凡命局有如上述情形皆主貴也。

（吉）

吉者善也利也。雖非富貴一生少險惡風波。得穩永之妙論命斷吉全以標本平均用神安頓爲主茲舉例如後。

身旺用財有傷食之生財或有官殺之衞財

身旺用官能殺與生官或有印之衞官

身旺用殺殺重有財之生

身旺用傷食有財之流通

身旺用印有官殺之助印

身弱用比刦官星重有印之生身洩官財星重有官之洩財生印。

身弱用印有官星生印：或比劫衛印。

凡命局有如上述情形皆主吉也。

（壽）

五行停勻。八神

凶神無力。全無。

所合者皆閑神。（無關緊要之字曰閑神）

冲去者皆忌神。（妨害用神之字或造成偏枯之字皆曰忌神）

留存者皆相神。（幫助用神者曰相神）

日主旺而得氣（地支為日干之長生沐浴冠帶臨官等謂之日主得氣）但不趨於太過。

身旺官弱而逢財。

身旺財輕而遇食。

身旺而食傷吐秀。

身弱而印綬當權。

月令無冲無破。

行運皆與用神相神不悖。

凡命局有如上述情形皆主壽也。

貧賤凶夭篇

（貧）

傷輕財重。

財輕官重。

傷重印輕身弱。

財重刦輕身弱。

財輕喜食傷而印旺。

財輕刦重食傷不現。

財多喜刦官星制刦。

喜印而財星壞印。

忌印而財星生官。

喜財而財神被合。

官殺旺而喜印財星得局。

財為忌神

用財而被冲破。

凡命局有如上述情形皆主貧也。

<u>貧也</u>~~席~~（貧賤凶夭之原因有傷食）

（一）財輕官輕又忌食傷而見印綬貧而貴。

（二）喜印財星壞印而得官星解救貧而貴。

（三）官殺旺而身弱財星生助官殺有印則一衿易得亦貧而貴也。無印則老於儒冠乃清貧之格。

（四）財多身難任有幫身而不能取用又不能從財既貧且賤。

（五）年月財星極美而日時盡量沖之破之乃先富後貧或敗盡祖產而致貧困。

（賤）

賤者思想輕齪操行卑鄙之謂也。非階級低下之稱也。上級人未必無賤下級人未必皆賤所以賤之一字如儒

羅子假小人讒不易辨亦衡命所最難看耳。

官輕印綬難全無

官重印輕而身弱

官印兩平而日主休囚

官殺重無財

官輕刦重無財

官殺重無印

財輕刦重官藏

官旺喜印財星壞印

官殺重無印食傷強制

官多忌財財星得局

凡命局有如上述情形皆主賤也。

（凶）

凶者逆也咎也貧苦而易遭刑傷破敗多險惡風波大抵偏枯無救之命局皆凶。

財旺身弱無刦印。

殺重身輕無傷食印綬。

用官多傷而無財。

官多身弱而無印。

印刧並重而官輕。

殺輕制重而無財。

滿局比刧而無官殺。

用食而多梟。

忌殺而多財。

喜財而多刧刃。

滿局傷食而無印。

喜印而多財。

官輕而印重。

喜官而殺混。

外格既成而又破。

凡命局有如上述情形皆主凶也。

（天）

印綬太旺□□□□□盛落。

財殺太旺日主衰□依倚。

忌神與用神雜而戰。

喜冲而不冲。

忌合而反合。

韋氏命學講義 卷八

韋千里編著

補充篇

上輯七卷述焉未詳致從學諸君或病簡短或競質疑特作補充篇以濟不逮。

天干

十干陰陽之異不過陽剛陰柔陽健陰順陽不甚受陰尅陰不甚畏陽尅易於他從陽難於他從陽干氣旺陰干貴堅而已而命家作爲歌賦比喩失倫如稱甲爲棟樑乙爲藤蘿丙爲太陽丁爲燈燭戊爲城牆己爲田園庚爲頑鐵辛爲珠玉壬爲江河癸爲雨露不可信也。

凡命局有如上述情形皆主夭也。

火炎土燥而木枯。

金寒水冷而土濕。

身弱逢印而重疊食傷。

重用印而財星壞印。

身旺印輕尚忠金無。

行運與用神相神無情反與忌神結黨。

日主失令用神淺薄而忌神深重。

喜合而不合。

忌冲而反冲。

陽干主剛威武不屈而有惻隱之心其處世不苟且陰干主柔見勢忘義而有鄙吝之心其處世多驕諂大都趨利忘

義之徒皆陰氣之為民豪俠慷慨之人皆陽氣之獨鍾然陰陽停勻不偏不倚尤屬順正之命自無損人利己之心也

甲者乙之氣之甲而生氣之質在天為生氣而流行於萬物者甲也在地為萬物而承茲生氣者乙也又細分之生氣之散

布者甲之氣之甲而生氣之凝成者乙之甲而萬物之所以有是枝葉者乙之甲而萬木之枝枝葉葉者乙也方其為甲

而乙之氣已備及其為乙而甲之質乃堅有是甲乙而木之生氣寄于木而行于天

乙者陰木也木之形質也庚者陽金也秋天肅殺之氣也辛者陰金也人間五金之質也只可外掃

故逢秋天肅殺之氣而銷剋殆盡而金鐵刀斧反不能傷木之形質遇金鐵刀斧而斬伐無餘者陽火也融和之氣也

落葉而根柢愈固此所以甲以庚為殺以辛為官而乙則反是也庚官而辛殺而辛以丙為殺而庚以丁為官也即此以推而餘者之相剋

也薪傳之火也秋天肅殺之氣逢陽和而剋去而人間之金不畏陽和而辛以丙為殺而庚以丁為官也即此以推而餘者之相剋

質逢薪傳之火而立化而肅殺之氣不畏薪傳之火此所以辛以丁為殺而庚以丁為官也即此以推而餘者之相剋

可知矣

地支

地支所藏非僅一干故生剋制化其理多端然以本氣為主寅必先甲而後及丙甲必先庚而後及壬餘支皆然陽支

性動而強吉凶之驗恆速陰支性靜而弱福禍之應較遲在局在運均以此意消息之

寅卯者又為甲乙分陰陽天地而言之者也以甲乙而分陰陽則甲為陽乙為陰寅木之行於天而為陰陽者也以寅卯

而分陰陽則寅為陽卯為陰以甲乙而寅卯而統分陰陽則甲乙為陽寅卯為陰木之在天

成象而在地成形者也甲乙行乎天而寅卯受之寅卯存乎地而寅卯施焉

子午卯酉秉氣最專寅申巳亥容積最廣辰戌丑未收斂最宜

子午本屬陽因子中藏癸水午中藏丁火所謂體陽而用陰故作陰論巳亥本屬陰因巳中藏丙火亥中藏壬水所謂

體陰而用陽故作陽論。

陰陽生死

干動而不息支靜而有常以每干流行于十二支之月而生旺墓絕繫焉陽主聚以進爲進故主順陰逆之殊也四時之運成功者退待用者進故每干流行于十二支之月而生旺墓絕又有一定陽之所生即陰之所死彼此互換自然之運也即以甲乙論甲爲木之陽天之生氣流行萬木者是故生于亥而死于午乙爲木之陰木之枝枝葉葉受天生氣者是故生于午而死于亥夫木當亥月正枝葉剝落而之生氣已收藏飽足可以爲來春發洩之機而甲何以死却不知外雖繁盛而內之生氣發洩已盡此其所以死于午也乙木反是午月枝葉繁盛即爲之生氣亥月枝葉剝落即爲之死以質而論自與氣殊也以甲乙爲例餘可知矣支有十二而長生沐浴等名則假借形容之詞也故每干自長生至胎養亦分十二位氣之由盛而衰而復盛逐節細分遂成十二而長生沐浴者猶人之初生也沐浴者猶人之幼以去垢也如果核既爲苗則前之青殼洗而去之矣冠帶者形氣漸長猶人之年長而冠帶也臨官者由長而壯猶人之可以出仕也帝旺者壯盛之極猶人之可以輔帝而大有爲也衰者盛極而衰物之初變也病者衰之甚也死者氣之盡而無餘也墓者造化收藏猶人之埋于土者也絕者前之氣已絕而後之氣將續也胎者後之氣續而結聚成胎也養者如人養胎母腹也自是而後長生循環無端矣。帝旺爲盛極盛極將衰不若長生沐浴冠帶之方與未艾絕爲衰極衰極將盛遠勝衰病死之全無生氣。

干尅

十干代表五行分爲兩金兩木兩水兩火兩土金尅木故庚辛尅甲乙木尅土故甲乙尅戊己土尅水故戊己尅壬癸水尅火故壬癸尅丙丁火尅金故丙丁尅庚辛是以干之相尅即代表五行之戰鬪也

干尅之影響

韋氏命學講義　卷八　補充篇

（一）如庚見甲庚為主尅甲為受尅受尅者敗盡無餘主尅者雖勝亦勞所謂兩敗俱傷是也。

（二）日干本身逢尅我或我尅不作兩敗俱論蓋尅我者為官我尅者為財是我之財官何為兩敗耶。

（三）如庚甲相尅既兩敗俱傷似非局中之喜神或庚或甲若為局中喜神相尅固凶若為局中忌神則因尅
而反得解凶也。

干尅之區別

（一）如年庚月甲地位最為貼近尅力亦為最重。

（二）如庚載甲甲載寅或兩庚兩甲勢均力敵尅力亦重。

（三）如兩庚一甲一甲已不敵一庚逢兩庚更如摧枯拉朽當非勁敵戰尅反輕。

（四）如兩甲一庚一庚不敵一甲兩甲則其力較勁而戰尅反重。

（五）如一庚一甲庚為受尅然甲木得時或得勢則庚難取勝而甲未受創務必兩弱庚而一強甲方成戰局也。

（六）如庚甲日有月柱間隔尅力較輕。

（七）如庚年甲時有月柱日柱間隔地位愈遠尅力愈輕。

（八）如庚年壬月甲日壬水洩庚金而生甲木則庚與甲有壬調解似尅而非尅。

（九）如庚年丙月甲日庚本尅甲今逢丙火尅庚則庚甲不尅而轉為丙庚相尅矣。

（十）如庚年甲月壬時雖壬水洩庚金而生甲木但以壬水遠隔庚甲地位接近仍作尅論。

（十一）如庚年甲月丙時丙在時庚在年地位遠隔不能相尅庚與甲則地位接近故仍以庚金尅甲木論也。

（十二）如庚年甲月戊日若庚金最強則作庚尅甲不成甲尅戊若甲木最強則作甲尅戊不成庚尅甲矣若戊
土最強則祇庚可尅甲而甲不可尅戊。

（十三）陽干尅陽干尅陰干尅力最重陰干尅陽干次之陽干往往不尅陰干作干合論。

干合

庚見甲。二陽相競而成尅辛見乙二陰不足而成尅乙見庚。或庚見乙則陰陽相見爲合。如男女相見而成夫婦之道焉蓋基於易經所謂一陰一陽之謂道偏陰偏陽之謂疾也

干合之影響

（一）如甲日見辛辛爲甲官若透丙合辛則辛非甲官矣丙爲甲食然既作合亦非甲食矣故合者併去而兩有所絆也

（二）日干本身之合不受合去影響蓋六陽逢財六陰逢官俱是作合如乙日逢庚乙庚作合庚爲我官是我合之何爲合去耶

（三）如丙年辛月作合既丙辛兩有所絆似非命局之喜然或丙或辛若爲日干所喜合去固凶若爲日干所忌則合去反得解凶也

干合之區別

（一）如甲年己月甲己之地位緊貼合力最重。

（二）如甲在年上己在時上隔位太遠合而不能合也半合也其爲禍福得十之二三而已。

（三）如丙辛相合若丙火得時得勢縱爲所絆仍有六七分能力辛金失時失勢又被羈絆力更輕微矣。

（四）如兩丙一辛兩丁一壬猶二女一夫一女二夫難免爭妒故爲妒合雖有合意其情不專。

（五）如庚年乙月甲日乙時雖兩乙合一庚因甲日隔之全無爭妒之意也。

（六）如乙年庚月乙日庚金左右合乙是皆可合也乙年乙月庚日乙與日庚相合年乙以地位之隔。雖有合庚之意而不作合論矣庚年乙月乙日年庚合月乙日乙以地位之隔雖有合庚之意亦不作合論矣

韋氏命學講義　卷八　補充篇

干尅干合並見

命有天干尅合並見者若用神在於地支自無議尅議合之必要惟若用神求諸干上則必先以尅合之力輕重較量。然後取用為妥特立法例五則如後。

（一）如庚年乙月甲日以地位論庚乙緊貼庚甲間隔當作合不作尅也。

（二）如庚年辛月乙日以地位論辛乙緊貼庚乙間隔當作尅不作合也。

（三）如甲年庚月乙日尅合並見且皆貼近以主尅受尅論庚可勝甲甲不能勝庚則庚乙相合甲不得侵自作合論。

（四）如丙年庚月乙日尅合並見且皆貼近以主尅受尅論丙能勝庚庚不能勝丙則乙庚相合丙得侵庚自作尅論。

（五）如丙年庚月乙日尅合並見且皆貼近以勢力論若丙火得時得勢則丙可尅庚庚不可合乙若庚金得時得勢則庚可合乙丙不能尅庚再若丙庚乙三字勢均力敵則作尅不作合蓋尅力大於合力也。

干合而化

萬物生于土甲己為相合之始故化為土土則生金故乙庚化金次之金則生水故丙辛化水又次之水則生木故丁壬化木又次之木則生火故戊癸化火又次之而五行遍焉十干化合蓋即此義耳俗書所解類多迂折未便深信茲所欲言者又有時令賓主明暗地位歲運五項。

（一）時令　辰戌丑未月祇可化土亥卯未月祇可化木巳酉丑月祇可化金寅午戌月祇可化火申子辰月祇可化水寅月兼可化金巳月兼可化水

（二）賓主　日干逢合則可化蓋日干為命之主也他干逢合不能化蓋他干為命之賓也故如甲日合己月或合己時則可化土若甲年己月祇合而不化也（此指非化格而言若已成化格他干逢合亦得化也）

（三）明暗　透干為明藏支為暗明與暗亦祇合不化如己土透干與亥中所藏之甲可合不可化。

（四）地位　如甲日己己年地位被月柱所隔合且勉強況乎化哉

（五）歲運　如甲日逢己運或己歲應以正財論不作化土論若日干非甲他干有一甲者逢一己運己歲尤不能化。（此亦指非化格而言若己成化格他干逢合運或合歲亦得化也）

支沖

支沖者地支相隔六位而沖擊如子午相沖子中癸水尅午中丁火午中己土又尅子中癸水互相戰尅也。

支沖之影響

（一）地支中多藏干相沖之影響較天干之相尅為複雜茲先以本氣時令及多寡探討之

本氣　兩支相沖戰尅不已當以本氣為重如子之本氣為水午之本氣為火究屬水尅火故子勝而午敗則子午之相沖午乃受創子則勞力

時令　以本氣論雖子可勝午然如午月火旺逢子水子午相沖午屬得令子屬失令則午勝子敗得令之午無傷失令之子沖去

多寡　如午年子月午日午時以本氣言以時令言皆子勝於午然三午一子午多子寡應作午勝但子敗而不死較為無力而已。

支沖之區別

（一）局中喜神沖敗則凶凶神沖敗反吉。

（二）寅申巳亥之沖　兩敗俱傷假如寅申逢沖申中庚金尅寅中甲木寅中丙火未嘗不尅申中庚金申中壬水戰尅不靜也或為主尅或得令或眾多可佔優勢反是則挫敗矣

（三）辰戌丑未之沖本氣皆為土乃屬同類不過沖動而已無戰尅意也故逢沖動土因激起而愈旺至所藏之神

辰中癸水剋戌中丁火戌中辛金剋辰中乙木當以得令或眾多佔優反是則敗。丑中辛金癸水能剋未中乙木丁火易取勝於未然亦須兼看時令與多寡方可取決耳。

（三）子午酉卯之冲以所藏最簡勝敗亦最易分子中癸水剋午中丁火午中己土剋子中癸水。酉中辛金純剋卯中乙木以本氣言子可勝午酉可勝卯再看時令與多寡不難立決矣。

（四）兩支相冲　一在年一在時俗名海底冲實則地位遠隔全無冲意如人之遠違兩地豈能接觸相戰。

（五）兩支相冲　一在年一在日或一在月一在時間隔一位冲力減輕。

（六）兩支相冲　一為日主之旬空冲力亦減（旬空詳後）

（七）如午年午月子日祇作午年子日相冲。

（八）如午年子月午日若午力強則子午之冲擊極暫蓋兩強午而一弱子勝敗立分也若子力強則其冲勢劇烈矣蓋兩弱午而一強子勢均力敵也。

支合

支合種類

（一）六合　　子與丑　　寅與亥　　卯與戌　　辰與酉　　巳與申　　午與未　　皆為六合六合之理蓋由日月合朔而來十一月建子合朔於丑十二月建丑合朔於子故子丑六合正月建寅合朔於亥十月建亥合朔於寅故寅亥六合。

（二）局合　　亥卯未合成木局　　寅午戌合成火局　　巳酉丑合成金局　　申子辰合成水局　　皆為局合局合之理蓋取生旺墓一氣始終也（如亥卯未為木局亥為木之生地卯為木之旺地未為木之墓地也）

（三）方合　　寅卯辰為東方　　巳午未為南方　　申酉戌為西方　　亥子丑為北方　　皆為方合方合之理蓋取三支一氣聯貫也。

支合之影響

（一）六合　兩支相合猶羈絆也凶神逢合則減凶吉神逢合則減吉

（二）局合　亥卯未合成木局命中喜木則吉忌木則凶寅午戌合火局命中喜火則吉忌火則凶巳酉丑合成金局命中喜金則吉忌金則凶申子辰合成水局命中喜水則吉忌水則凶

（三）方合　寅卯辰合為東方命中喜木則吉忌木則凶巳午未合為南方命中喜火則吉忌火則凶申酉戌合為西方命中喜金則吉忌金則凶亥子丑合為北方命中喜水則吉忌水則凶

支合之區別

（一）局合應以旺支最為重要亥卯未為旺支巳酉丑為旺支寅午戌午為旺支申子辰子為旺支若亥卯卯未巳酉酉丑寅午午戌亥未巳丑寅戌有旺支其力非輕僅稍遜三支全合而已若亥未巳丑寅戌申辰亦兩支相合因無旺支其力最弱幾無合意也

（二）方合以三支全者可合若祇二支不以合論

（三）六合以緊貼則合間隔一位或二位即不能合

（四）方合局合而三支全者有一閒字間隔仍作合論祇二支而間隔即不能合

（五）六合而一支屬旬空合力減輕

（六）如戊日寅月全成東方俱以殺論戊日卯月全成東方俱以官論戊日辰月全成東方視寅卯之勢孰重以分官殺其餘倣此

（七）如二卯一戌或二寅一亥皆六合之妬合也然地支多藏干較天干為複雜且六合之成非由於陰陽生尅故其妬力遠不若天干妬合之重也

（八）如寅卯辰東方若柱中有二寅或二卯或二辰如亥卯未木局柱中有二亥或二卯或二未皆不作妬合論且

（九）如寅卯辰東方見亥字是爲生方之神見未字是爲方尅之財皆非局混方也。

（十）如亥卯未木局見寅字是其同氣見辰字是其財神皆非方混局也。

適足以增加合力也。

支刑

地支相刑以局加方取之亥卯未木局加亥子丑之方故亥刑亥卯刑子未刑丑申子辰水局加寅卯辰之方故申刑寅子刑卯辰刑辰寅午戌火局加巳午未之方故寅刑巳午刑午戌刑未巳酉丑金局加申酉戌之方故巳刑申酉刑酉戌刑未爲三刑子卯爲相刑辰午酉亥爲自刑然細究之殊無圓滿之理義但雖不知其所以然於命理亦無害也。

支刑之區別

（一）寅刑巳巳刑申申刑寅丑刑戌戌刑未爲三刑。

（二）子卯爲相刑。

（三）辰午酉亥爲自刑。

支刑之影響

（一）寅刑巳乃木火相生巳刑申本巳申本合丑刑戌戌刑未未皆屬同類之土子卯相刑又爲水木相生辰刑辰午刑午酉刑酉亥刑亥本支自刑更無戰意故刑與沖異兩支相刑不過動搖而已無勝敗之分也禍福之力極輕一經間隔尤爲平淡人命有遇刑而操威柄者四柱本吉耳有遇刑而獲凶禍者四柱本凶耳非必皆刑之故考相刑之法或三或二或一例既偏駁雜亂而又無確然之理爲命學立說中最不足深信者也或有地支丑戌未全寅巳申全而輒遭糾紛者蓋支中藏神之生尅過於雜亂所致非因相刑之故耳

支害

支害之影響。

地支相害。由相合而來。相合之謂之害。子合丑而未沖之。故未害子。丑合子而午沖之。故午害丑。寅合亥而巳沖之。故巳害寅。卯合戌而辰沖之。故辰害卯。辰合酉而卯沖之。故卯害辰。巳合申而寅沖之。故寅害巳。午合未而丑沖之。故丑害午。未合午而子沖之。故子害未。申合巳而亥沖之。故亥害申。酉合辰而戌沖之。故戌害酉。戌合卯而酉沖之。故酉害戌。亥合寅而申沖之。故申害亥。總而計之。以六支害六支沖。其合我者。必合其沖我者。人命逢支害影響分四種。

（一）如子午相沖。子勝午敗。有丑合子害午。若子為吉神。午為凶神。則丑合子是減輕吉力。雖害午不比沖午之甚。是減輕懲凶之力。乃不利於命局也。若子為凶神。午為吉神。則丑合子是減輕凶力害午不比沖午之甚是減輕損吉之力。乃利於命局也。故害者直等於沖合並見耳。

（二）祇兩支相害。而無沖於命局上無甚影響。

（三）兩支相害其一逢合以合論吉凶

（四）兩支相害地位間隔不以害論

地支沖合刑害並見

命有地支沖合刑害錯綜並見者。若用神在於天干。無須多議。若用神在於地支。則必先以沖合刑害之力輕重較量。然後取用為妥。特立法例六則如後。

（一）刑沖合害並見。以緊貼者為有力。如丑年子月寅日午時。子丑貼近于午間隔。作合不作沖。

（二）方合之力大於局合。是以方合局合並見。以方合局合之力大於六沖。是以局合與六沖並見。以局合論六沖之力大於六合。是以六合與六沖並見。以六沖論六合之力大於刑害。是以六合與刑害並見。以六合論

（三）局合而三支全者旺支逢沖而緊貼以沖論旺支逢沖而間隔以局合論局合而祇二支亦然

(四)局合而三支全者非旺支逢冲雖緊貼亦不以冲論局合而祇二支亦然。

(五)方合見冲作合不作冲。

(六)注重本身力量如丑年子月午日在理六冲之力大於六合應作子午冲不作子丑合然若局中丑土有力既占優勢則作合而不作冲矣。

刑冲尅合害例

刑冲尅合害變化多端再舉數例如後。

乙丑
庚辰　(天干)月庚合年乙又合日乙。
乙亥　其情不專。　(地支)寅亥六合。
戊寅

乙丑
庚申　(天干)年庚合月乙。
乙卯　(地支)卯酉冲酉丑隔位而不合。
丁丑

丙午　(天干)丙庚相尅而庚敗作尅不作合。
庚寅　(天干)庚甲相尅而甲敗作合不作尅。
乙卯　(地支)寅午三合成半火局寅卯缺辰不

乙丑　(天干)月乙合日庚。
庚午
戊寅　(地支)酉丑金局寅午火局。

乙酉　(天干)月乙合年庚又合日庚其情不專。
庚午
庚辰　(地支)辰酉合卯缺寅故不作方合卯
己卯

庚午
乙酉　(地支)辰酉合卯酉間辰故不能冲。
己卯

甲午　(天干)庚甲相尅而甲敗作合不作尅。
庚午
乙丑　(地支)二午自刑月午日丑又相害然皆

韋氏命學講義　卷八　補充篇

作方合

丁丑　作方合。

庚午
壬午
甲申
甲子
（天干）庚壬接近庚甲間隔以生論不以剋論。
（地支）二午自刑申子三合成半水局。

乙丑
甲寅
庚辰
乙未
（天干）乙庚先合庚甲不剋。
（地支）丑未遠隔而不冲寅辰缺卯而非方合。

乙亥
癸未
己卯
癸酉
（天干）乙癸相剋乙己遠隔而不剋。
（地支）卯酉冲而緊貼故亥卯未木局力量減輕。

丙辰
庚子
（天干）丙庚相剋。

於命局無影響

丁丑　於命局無影響。

丙午
庚寅
甲申
乙丑
（天干）丙庚先剋庚甲不剋。
（地支）寅木得令寅午又三合故申不能冲寅

乙亥
己卯
辛未
丁酉
（天干）乙己相剋丁辛相剋。
（地支）亥卯未三合酉雖冲卯乃不緊貼不作冲論。

甲子
丁丑
壬午
甲辰
（天干）丁壬相合。
（地支）子丑貼近子午間隔作合不作冲

丙辰
丙申
（天干）丙壬相剋丙壬間隔不合。
（地支）丑午雖害無甚影響

（天月德）

壬申　（地支）申子辰三合水局．申酉缺戌不作方

壬子　（地支）申子辰三合水局子丑雖合因力不及三合故不成立

己酉　合

辛丑

丙子　（天干）丙辛相合．

辛丑　（天干）丙辛相合．

乙未　（地支）六沖之力大於六合故作丑未沖論．

甲午　（地支）六害之方小於六合故作子丑合．

壬午　不作于丑及午未合論

辛未　午未合不作午未害

天月德

天月德之構成

（一）天德　正月丁日．　三月壬日．　四月辛日．　六月甲日．　七月癸日．　九月丙日．　十月乙日．　十二月庚日．　二五八十月無天德．

天月德之吉

（一）人命日干值天德或月德命吉者增吉命凶者減凶．

（二）人命日干值天月二德（如壬月壬日）尤能增吉減凶．

（三）人命日干既值天德或月德若他干再臨天月德為吉神則福力倍隆為凶神則暴橫益化例如

戊辰　壬生辰月天月二德並臨火土

丙辰　林立主弱不堪幸有時干幫扶

壬午　而時上之壬既為吉神又值天

壬寅　月德則此命之福力倍隆宜矣．

甲寅　丁生寅月為天德木火太

丙寅　旺為患雖丙火尅庚而屬

丁巳　凶神幸丙在寅月為天月

庚子　德並臨亦可稍減其凶也．

（四）天月德本身遭剋不以吉論。

驛馬

驛馬

驛馬之構成

亥卯未年逢巳。

寅午戌年逢申。

申子辰年逢寅。

巳酉丑年逢亥。

驛馬之影響

（一）命中吉神為馬大則超遷之喜小則順動之利。

（二）命中凶神為馬大則奔蹶之患小則馳逐之勞。

（三）驛馬逢冲譬之加鞭吉則愈吉凶則愈凶。

（四）驛馬逢合等於繫足吉凶皆為羈絆而遲發。

（五）日干坐馬累六多動。

貴人

貴人

貴人之構成

甲日見丑或見未乙日見子或見申丙日見酉或見亥丁日見酉或見亥戊日見丑或見未己日見子或見申庚日見丑或見未辛日見寅或見午壬日見卯或見巳癸日見卯或見巳

貴人之吉

（一）助吉解凶。

（二）聰明。

（三）易得人之信仰及互助。

貴人所忌

（一）忌冲或合。

（二）忌落旬空

文昌

文昌之構成

甲日見巳乙日見午。

丙日見申丁日見酉。

戊日見申己日見酉。

庚日見亥辛日見子。

壬日見寅癸日見卯。

文昌之吉

（一）逢凶化吉。

（二）智慧聰明過人。

（三）文采風流。

文昌所忌

（一）忌冲或合。

（二）忌落旬空

旬空

旬空之構成

甲子乙丑丙寅丁卯戊辰己巳庚午辛未壬申癸酉　此十天爲甲子旬凡生此十天地支見戌或見亥戌亥皆屬旬空。

甲戌乙亥丙子丁丑戊寅己卯庚辰辛巳壬午癸未　此十天爲甲戌旬凡生此十天地支見申或見酉申酉皆屬旬空。

甲申乙酉丙戌丁亥戊子己丑庚寅辛卯壬辰癸巳　此十天爲甲申旬凡生此十天地支見午或見未午未皆屬旬空。

甲午乙未丙申丁酉戊戌己亥庚子辛丑壬寅癸卯　此十天爲甲午旬凡生此十天地支見辰或見巳辰巳皆屬旬空。

甲辰乙巳丙午丁未戊申己酉庚戌辛亥壬子癸丑　此十天爲甲辰旬凡生此十天地支見寅或見卯寅卯皆屬旬空。

甲寅乙卯丙辰丁巳戊午己未庚申辛酉壬戌癸亥　此十天爲甲寅旬凡生此十天地支見子或見丑子丑皆屬旬空。

旬空構成之理由

十天干配十二地支凡經十日必有二支遺空如甲子日至癸酉日戌亥二支未在其內故甲子旬中戌亥爲旬空。餘可類推。

旬空之影響

（一）旬空逢冲則冲力減輕。

（二）旬空逢刑則刑力減輕。

（三）旬空逢合則合力減輕。

（四）旬空逢害則害力減輕。

（五）吉神爲旬空其吉虛而不實。

（六）凶神爲旬空其凶虛而不實。

（七）吉運或吉年爲旬空則吉力減輕。

（八）凶運或凶年爲旬空則凶力減輕。

女命淫賤

日主旺官星微無財星日主足以敵官者。

日主旺官星微傷食重無財星日主足以欺官者。

日主旺官星弱日主之氣生助他神而去官者。

日主旺官星弱官星之氣依日主之勢者。

日主旺無財星官星輕食傷重官星無依倚者。

日主旺無根日主不顧官星合財星而去者。

日主弱官星重食傷重印綬輕者。

日主弱傷食重印綬輕者。

日主弱食傷重無印綬有財星者。

食傷當令財官失勢者。

官無財滋比刦生食傷者。

滿局傷官無財者。

滿局官星無印者。

滿局比刦無食傷者。

滿局印綬無財者。

疾病

衡命論疾病宜以五行配五臟。木為肝金為肺水為腎火為心土為脾。命中木太過或不及。肝必有病金太過或不及。肺必有病水太過或不及。腎必有病火太過或不及。心必有病土太過或不及。脾必有病。故五行貴和和則無疾所謂五行和者非生而不剋全而不缺之謂乃貴乎洩其旺神瀉其有餘也。蓋有餘之旺神瀉不足之弱神受益矣若強制旺神寡不敵眾觸怒其性旺神不能損弱神反受傷矣是以旺神太過者宜洩不太過者方宜剋耳

妻財

財即是妻可以通論然有富而妻陋或妻賢而貧者何也。蓋或財得用而日支為忌神。或財不足而日支為喜神妻星與妻宮難以兩全其美耳。

性情

木主仁火主禮金主義水主智土主信八字中五行不戾中和純粹則有惻隱謙讓誠實之情若偏枯混濁太過不及則有是非乖逆驕傲之性矣。

火多無制急躁而欠涵養水多無制聰穎而意志不堅亦且好動木多無制情重而仁厚　金多無制精幹而敏銳　土多無制慈厚而好靜

同一金之日干其八字有旺相太過不及三類而金多。木多火多水多土多又各不同其性情共計八類分列如次。

（一）旺相　　譽高義重　　體健神清　　威武剛烈　　臨事果決

（二）太過　　尚勇無謀　　多慾損剛　　刻薄內毒　　喜淫好殺

同一木之日干。其八字有旺相太過不及三類而金多木多火多水多土多又各不同其性情共計八類分列如次。

（一）旺相　仁慈敏厚　心懷惻隱　姿致秀麗　形狀慷慨

（二）太過　性拗心偏　嫉妬不仁　計慮繁亂　襟懷瑣碎

（三）不及　執性太柔　治事無規　胸懷不正　吝嗇慳鄙

（四）金多　剋制憔悴　剛而無斷　勤思靜悔　舉義不常

（五）木多　柔懦泛交　曲直自循　多學不實　聰明華潔

（六）火多　馳騁聰明　好學不切　明知故犯　善惡決發

（七）水多　漂流不定　言行相違　處事不寧　趨時委曲

（八）土多　取檢自信　奢而不奔　伏柔伏烈　言必鑑人

同一水之日干。其八字有旺相太過不及三類而金多木多火多水多土多又各不同其性情共計八類分列如次。

（一）旺相　智高量遠　計深慮密　執性聰明　學識過人

（二）太過　是非好動　飄蕩多淫　機詐詭譎　慘酷無極

（三）不及　反覆不常　胆小無略　性昏無賴　智識蔽塞

（三）不及　思深決少　事多剄志　性雖好義　爲之不終

（四）金多　剛直尚勇　見義必爲　過不自知　思禮好勝

（五）木多　辨分曲直　利害兼資　置德懷忿　朋友失意

（六）火多　口才辨利　好禮寡義　勤止寬和　中心鄙吝

（七）水多　計慮不勝　爲人無恩　臨事齟齬　或是或非

（八）土多　無中有成　口儉心慈　作爲暗昧　多處嫌疑

同一木之日干。其八字有旺相太過不及三類而金多木多火多水多土多又各不同其性情共計八類分列如次。

韋氏命學講義　卷八　補充篇

（四）金多　好義不實　志大多淫　智勝義貪　賦性靈強
（五）木多　流而不止　執志反柔　點事汗漫　奢儉失中
（六）火多　崇禮貪饕　深慮多憂　猛斷後悔　稟六少成
（七）水多　沉潛伏溺　小巧多權　苗而不秀　聲聞過情
（八）土多　沉潛窒塞　內利外鈍　忍而多恨　信義無決

同一火之日干其八字有旺相太過不及三類而金多木多火多水多土多又各不同其性情共計八類分列如次。

（一）旺相　性速辨明　文章明敏　好事華飾　實學欠乏
（二）太過　酷烈傷物　執性爆燥　朝歡夕泣　每多傾危
（三）不及　生性巧佞　謹畏守禮　小有辨才　大事無決
（四）金多　志不自好　勝辨而剛　禮義失中　直而招謗
（五）木多　自恃威福　聰明志懦　靜則志明　好辨是非
（六）火多　崇禮汨義　明外昏內　自尊而儉　不可速達
（七）水多　爲德不均　巧而忘禮　多易多難　計深反害
（八）土多　立用沉密　利害敢爲　盲清行濁　執而不變

同一土之日干其八字有旺相太過不及三類而金多木多火多水多土多又各不同其性情共計八類分列如次。

（一）旺相　篤信神佛　不爽信約　忠孝至誠　厚重可貴
（二）太過　執而不返　蔽塞不明　既愚且倨　古樸難用
（三）不及　不得眾情　不通事理　很毒乖戾　慳嗇妄爲
（四）金多　信而好義　剛而多躁　不能持重　處事無容

（五）木多　形勞志大　雜用狂從　用柔爽信　曲直篤情

（六）火多　施義忘親　外明少斷　奢儉失中　好禮口惠

（七）水多　貪功好進　汎順伏機　志善若昏　愛惡無義

（八）土多　重厚藏密　守信容物　或招毀謗　恩害敢爲

正印爲用神仁慈端方惟正印太多庸碌少成

梟神爲用神精明幹練惟梟神太多貪吝鄙嗇

正官爲用神光明正直惟正官太多意志不堅

七殺爲用神豪俠好勝惟七殺太多萎靡不振

傷官爲用神英明銳利惟傷官太多驕忱傲慢剛愎

食神爲用神溫厚恭良惟食神太多迂腐固執

比肩爲用神穩健和平惟比肩太多乖僻寡合

刼財爲用神熱忱率直惟刼財太多鹵莽紊亂

偏財爲用神敏捷奇巧惟偏財太多苟安耽樂

正財爲用神勤克儉惟正財太多懦弱無能

曲直格仁厚稼穡格慈善從革格銳利潤下格圓活炎上格豪爽從財從殺從兒等格循良從旺從強等格剛健化氣格智慧

同一身強八字有有抑者有無抑者其性情特點即分爲二。

（一）身強八字有有抑者之性情特點

天性明白　豁達大度　順物而動　遇事能斷　常歡笑　好施舉　多情多義　不畏不疑。

（二）身強八字無抑者（又不成外格）之性情特點

殘暴好鬥　性氣無常　不自檢束　不顧危亡　黨惡侮善　持強凌弱。

同一身弱八字有有扶者有無扶者其性情特點即分爲二。

（一）身弱八字有有扶者之性情特點

生性儉約　不忘設施　深襟密慮　寡合少遇　多疑忌　拘禮節　言行相顧　儀貌整飭。

（二）身弱八字無扶者（又不成外格）之性情特點

淫邪虛僞。　拘縮執拗。　矜奇衒異。　多非少是。　萎靡怠惰。　作事無斷。

按推斷性情其法多端尤非學理與經驗合參難得精確且有可以意會難能言傳者乃貴乎活看而不可拘泥也以

上所述不過舉其例耳

事業

傷官傷盡或有殺有刃或殺印相生宜武備傷食生財或身財兩停宜貿遷食神吐秀或帶文昌宜文學正官清粹或

官印相生宜政治身重財輕宜工程剋比成羣宜自由職業空拳覓利財官並美官政

財官有力日主朗健可以自立爲主身旺無依或身弱無助祇合依人作嫁八字少冲少合事業得成專一多冲多合

則頻年變遷粟六無成。

五行需水或命有驛馬宜流動事業外勤職務五行需火或需金宜近工廠機械等事五行需木或需土則宜農林種

植固定實業。

官殺並見

五行偏枯之命所事業多風波起落亦有此業利而彼業不利者五行停勻之命大抵事業平穩比比皆然

八字病重藥輕作事多出自動而費力不討好八字病藥相濟事多出於被動且現成而省力

按事業之推斷其法不一以上所述舉其例端而已更有性情環境之種種關係不可拘泥片面理由乃貴乎活看殆

亦曉然胸中而難以形容者也。

官殺並見之影響

（一）日主喜尅官殺並見吉力加增。
（二）日主忌尅官殺並見凶力更顯。
（三）應用正官見殺混雜八字不清主多磨折。

官殺並見之喜忌

（一）身弱有印喜官殺並見。

（二）身強有財喜官殺並見。

（三）身弱無印忌官殺並見。

（四）身強有傷食而無財忌官殺並見。

（五）八字忌官幸有傷官之制忌又見七殺。

（六）八字忌殺幸有食神之制忌又見正官。

官殺並見之去留

（一）官殺並見嫌其混雜者先謀去之之道，一者既去，一者自留矣。

（二）官殺並見愛其互相協助者不必議去議留聽其自然可也。

（三）官殺並見祇有食神去殺而留官。

（四）官殺並見祇有傷官去官而留殺。

（五）官殺並見食傷亦並見官殺皆可去淨。

（六）如甲日並見辛官庚殺又有丙火合辛是謂合官留殺合者絆也絆亦可去也。

官殺並見之喜忌

（四）應用七殺見官混雜命局淆亂亦主奔波。

（五）用官而殺混幸有去殺之神凶而不凶。

（六）用殺而官混幸有去官之神凶而不凶。

（七）用官而殺混並無去殺之神凶不可免。

（八）用殺而官混並無去官之神亦以凶論。

（七）如甲日而透庚金七殺又支見酉金是庚殺乘旺不作官殺混雜不必議其去留耳。

（八）甲乙日見申酉以巳去申或以寅去申以午去酉或以卯去酉丙丁日見亥子以辰戌去亥或以巳去亥以丑未去子或以午去子戊己日見寅卯以申去寅以酉去卯庚辛日見巳午壬癸日見辰戌以丑未去辰戌以卯去辰戌以丑未去戌。

（九）戊己日見寅卯又遇午戌則寅會午戌成火而卯獨當權庚辛日見巳午又遇酉丑則巳會酉丑成金而午獨當權甲乙日見申酉又遇子辰則申會子辰成水而酉獨當權丙丁日見亥子又遇卯未則亥會卯未成木而子獨當權壬癸日見丑辰或戌未以寅卯去辰戌未以寅去辰戌以卯去丑未。

（十）丙丁日見亥子若子隨辰合入庫則亥當權庚辛日見巳午若午隨戌合入庫則巳當權戊己日見寅卯若卯隨未合入庫則寅當權甲乙日見申酉若酉隨丑合入庫則申當權。

（十一）庚辛申酉並見足可以去一甲一乙一寅一卯亦可去甲寅乙卯若一庚一申一辛一酉去甲乙寅卯勢必不能。

（十二）官殺並見傷官食神亦並見傷官較為有力則去殺食神較為有力則去官。

（十三）陰日傷官可以去官又可以合殺貼近正官則以去官論貼近七殺則以合殺論陽日食神可以去殺而又可以合官貼近七殺則以去殺論貼近正官則以合官論陰日食神祇可去官不能合官陽日傷官祇可去官不能合殺。

燥濕

太抵命局尤燥則喜潤澤命局潮濕則喜暄燠八字無水或少水值於夏令或多木多火乃亢燥之局若命中喜土逢燥土則益燥未必佳妙逢濕土則得滋吉上加吉矣八字無火或火少時在冬令或多金多水乃潮濕之局如命中喜土逢濕土則更濕未易言吉逢燥土則去濕花添錦上矣天干五行無分燥濕地支則昭然有別今請一一言之亦學

韋氏命學講義　卷八　補充篇

命所不可不知也予卯酉為純金純水純木亦無燥濕之分丑中己辛為濕土濕金因有癸水藏也寅中甲戊為燥木

燥土因有丙火藏也辰中戊乙為濕土濕木因有癸水藏也巳中戊庚為燥土燥金因有丙火藏也午中之己為燥土

因有丁火藏也未中己乙為燥土燥木因有丁火藏也申中庚戊為濕金濕土因有壬水藏也戌中戊辛為燥土燥金

因藏有丁火也亥中之甲為濕木因藏有壬水也

初學捷徑

用之官星不可傷不用官星儘可傷。

用之財星不可刼不用財星儘可刼。

用之印綬不可壞不用印綬儘可壞。

用之食神不可奪不用食神儘可奪。

用之七殺不可制制制殺太過反為凶。

身殺兩停宜制殺殺重身輕宜化殺身強殺淺宜生殺羊刃重重喜食傷若逢官殺亦生殃財多身弱宜刼刃刼重

財輕喜食神官旺身衰宜印地官衰印旺利財鄉莫道梟神無用處殺多食重最為良勿謂羊刃是凶物財多殺黨

亦為貞

五行生尅衰旺顛倒微妙

木本生火木多火熾有金尅木則可生火矣。

火本生土火多土焦有水尅火則可生土矣。

土本生金土多金埋有木尅土則可生金矣。

金本生水金多水弱有火尅金則可生水矣。

水本生木水多木浮有土尅水則可生木矣。

一四四

木本生火火多木焚水剋火則生木也。
火本生土土重火熄木剋土則生火土也。
土本生金金多土洩火剋金則存土也。
金本生水水泛金沈土剋水則存金也。
水本生木木旺水涸金剋木則生水也。

木生火也火多木焚水剋火則生木也。
火生土也土多火熄木剋土則生火也。
土生金也金多土洩火剋金則存土也。
金生水也水多金缺土剋水則存金也。
水生木木旺水涸金剋木則生水火生火則存水也。

木能生火然火亦能生木者。潤地之燥也。火生木者。解天之凍也。
火能生土然土亦能生火者。冬木之枯也。土生火者。暖土之濕也。
土能生金然金亦能生土者。去地之濕也。金生土者。防土之傾也。
金能生水然水亦能生金者。砥水之浴也。水生金者。制火之烈也。
水能生木然木亦能生水者。阻其洩漏也。木生水者。去其淤塞也。

木本剋土土多木折水則木能剋土。
火本剋金金多火熄木則火能剋金。
土本剋水水多土蕩火則土能剋水。
金本剋木木多金缺土則金能剋木。
水本剋火火多水涸金生水則水能剋火。

木剋土木太多宜金以衛土也。

火剋金火太多宜水以養金也。

土剋水水太多宜木以納水也。

金剋木木太多宜火以榮木也。

水剋火火太多宜土以扶火也。

木剋土也木土兩旺宜水以潤土。

土剋水也水土兩旺宜火以溫水。

水剋火也水火兩旺宜金以熄火。

火剋金也金火兩旺宜木以鎔金。

金剋木也金木兩旺宜土以折木。

木能剋土然土亦能剋木者木盛土崩也木剋土者春土之柔也土剋木者夏土之燥也。

土能剋水然水亦能剋土者水旺土蕩也土剋水者夏水之涸也水剋土者冬水之凍也。

水能剋火然火亦能剋水者火旺水熱也水剋火者金水寒凝也火剋水者杯水車薪也。

火能剋金然金亦能剋火者金旺火熄也火剋金者春火之相也金剋火者冬火之凶也。

金能剋木然木亦能剋金者木堅金缺也金剋木者春木之堅也木剋金者木盛金脆也。

旺者宜剋然旺之極者宜洩而不宜剋也所謂實則瀉其子是以春木森森宜火旺以通輝夏火炎炎宜土多而斂

威秋金銳銳宜水盛以流清冬水洋洋宜木衆而納勢季土壘壘宜重金以吐秀

弱者宜生然弱之極者宜剋而不宜生也所謂虛則補其母是以秋木凋落宜金而不宜水也冬火熄滅宜水而不

宜木也春金銷鎔宜火而不宜土也夏水枯涸宜土而不宜金也仲春之土無火生反宜木也仲秋之土無火生

反宜金也。

陽之極者陰至也陰之極者陽至也寒極則熱生也熱極則寒生也。

韋氏命學講義 卷九

韋千里編著

評斷篇

評斷之程序

每一命局或五行錯綜。或六神紛雜評斷而無規定程序極難入手茲議爲八步如後。

(一)看強弱。

(二)定格局。

(三)取用神。

(四)論喜忌。

(五)查歲運。

(六)推六親。

(七)評性情。

(八)斷事業。

評斷之標準

(一)看強弱以日干爲主以多寡盛衰失時得令爲標準。

(二)定格局以月支爲標準。(外格不在此例)

韋氏命學講義　卷九　評斷篇

（三）取用神以鋤強扶弱爲標準。
（四）論喜忌以用神爲標準。
（五）查歲運以喜忌爲標準。
（六）推六親以四柱六神爲標準。
（七）評性情以五行用神等爲標準。
（八）斷事業以用神及喜忌爲標準。

評斷之舉例

（一）陸姓乾命

六神	四柱	六神	六神	大運	干支
官	癸未	傷	印劫	一歲	癸亥
梟	甲子	官		十一	壬戌
	丙戌	食	財劫	廿一	辛酉
傷	己亥	殺	梟	三一	庚申
				四一	己未
				五一	戊午

強弱

丙死於冬亥子癸三水既得其令又競來尅未戌己土雖能制水乃本身先洩丙火之氣祇月上甲木生丙綜計全局抑者太多扶者太少故丙干以弱論。

格局

丙生子月干透癸水爲正官之格。

用神

丙既云弱必須生扶月上甲木洩水之有餘生火之不足。取用無疑即謂官格用印是也。

喜忌

既用甲木自喜木火助用助身不畏土之洩火水之尅火蓋土有木制水有木黨也然亦非所喜耳最忌金來生水助虐尅木則傷用。

歲運

一歲初走癸亥運一派水鄉稚年多病十一歲行壬戌運水土各半亦乏善可陳二十一歲辛酉運甲辰年隨

一六〇

某巨公至廣東充記室四載腰纏黃白正木火流年也娶妻得子亦在斯時嗣即弃眥少劲矣三十一歲庚
申運用神受損蓬飄萍泛宇內寓形南北東西焦桐莫識尤以三十六後流年多金水無家可歸四十一歲之
己未運有甲子乙丑丙寅丁卯四載之吉努力勿忽再後都金水年征求毋奢五十一歲戊午運以五二五三。
五四五五小有作爲午運之羊刃被冲自難樂觀故五十六後可撫孤松而盤桓矣。

六親　偏印爲用父母庇陰尚豐刦財無力弱弟早夭日支藏財然非喜神妻乃中道云亡傷食亦非喜見故前雖有
　　　子已喪於申運晚來己運或有弄璋之望但須琴弦再理也

性情　火日水多所爲欠當宗旨少決

事業　官格用印自以近貴求名之爲宜尤利於東南半壁耳。

（二）潘姓坤命

食	壬子	傷		五歲	壬子
傷	癸丑	印	傷刦	十五	辛亥
	庚子	傷		廿五	庚戌
官	丁亥	食	才	三五	己酉
				四五	戊申
				五五	丁未

強弱　庚生季冬爲寒金水旺洩氣係憂患尤病丑土會亥子而化水且寒金喜火又苦丁火之被尅是誠弱不堪言
　　　矣。

格局　庚生丑月透癸爲傷官之格。

用神　水勢泛濫若用丑中己土非但不能制水且激水之怒不如亥中甲木以爲用賴甲洩水之有餘生火之不足。
　　　所謂財能救官是也然身弱無助之弊在所不免矣。

喜忌　最喜爲火土木最忌爲金水

歲運

五歲交足壬子水運十病九危十五歲走辛亥金水運及箕應多遇折及庚午年怙恃之失相繼頻乘壬申歲
身世之悲層見迭出雖屢屢儳而收入甚微仍入陷阱罟鐘誠哉時命之不逍也二十五歲庚戌運庚仍屬
金尚難脫離水火戌中藏煞火土三十三歲甲申流年用神得助當獲快婿尚可仰望者矣三十五後己酉運之
己土不足制水酉雖劫刃亦有生水之嫌繼不至於顛沛流離然而病瘵劇甚四十五歲戊申運以戊字最佳
五十歲後歲運皆金水恐難免賦歸於心臟病

性情

金日水多火土無力水性楊花理所然也

六親

金寒水威則無子官星無力易尅夫土印化水父母亦虛劫比稀少終鮮昆季可無疑矣

（三）王姓坤命

財	己亥	梟	比
印	癸酉	官	
	甲辰	才	劫印
食	丙寅	比	食才

三歲　甲戌
十三　乙亥
廿三　丙子
卅三　丁丑
四三　戊寅
五三　己卯

強弱

甲生酉月而失其令又多火土則木之尅洩本當以弱論然長生於亥胎於酉得祿於寅地支有氣尙非至弱
者也

用神

甲生酉月為正官之格
官印財食俱全惟己年癸月地位接近財印相尅為美中不足故取酉內辛金正官以為用蓋財生官官生印
五行六神因此不悖矣

格局

命中五行不悖固無所謂喜忌惟坤以夫星為重又取正官為格為用則不宜逢多量之火也已

喜忌

歲運

三歲起運初走甲戌乙亥庇陰豐裕故童境不惡二十歲戊午流年偏財幫夫于歸極利二十三歲丙子運丙

六親

為食神子為正印送獲弄璋之慶家道日昌三十三歲行丁火傷官運幸有印以制之然辛未年夫病閣七月。亦云險矣三十八歲丑運為財門庭煥彩夫子皆輝四十三歲戊寅運之一財一比亦安身納福再後己卯運仍豐堪享大年云爾

印有官生父母雙慶正官為格為用夫既榮顯鴻案相莊時下一比令弟亦云克家時上食神吐秀子更英奇特達矣。

性情

五行生化有情秀外慧中多才多藝當之無愧也。

（四）詹姓乾命

			六歲	辛巳
殺	庚子	印	十六	壬午
殺	庚辰	才	廿六	癸未
	甲子	印劫	三六	甲申
才	戊辰	才	四六	乙酉
		印劫	五六	丙戌

格局

甲生辰月干透戊土是為偏財之格。

強弱

甲生暮春土令又見三土二金財殺太旺。幸子辰戌半水之局辰土之財化印生身故轉弱為強矣。

用神

干頭盡是財殺自取年支子印為用賴以化殺生身也。

喜忌

最喜水木而忌土火亦不利因能生土也。金卻不忌因能生水也。

歲運

六歲行辛巳運一金一火乏善可陳十六歲之壬運大病三年按壬水為偏印莫非丁巳戊午己未三載火土流年之故二十歲午火運得美缺於交通部係純逢金水流年之故諡云運好不如年好洵然廿六歲以來癸未運奔馬麗都蓋一以運勝一以年佳也三十六歲甲運雖是幫身惜被庚尅恐用武無地四十一歲申運三合全成水局殺印相映地位權譽登峯造極矣官至簡任特任唯所望於此時也往後乙酉運無足可取丙運

更不宜戀棧。

六親 以印為用深獲父母庇蔭不見傷食亦且為忌神僅午運得一子日支坐印中讀尚賢刼比之稀因鮮兄弟矣。

性情 木得水養五行清而不雜八字純陽磊落大方可斷言也。

事業 忌財喜印最宜行政機關堪握大權然亦廉吏耳。

（五）陳姓乾命

刼	壬子	比	九歲	丁未
財	丙午	才殺	十八	戊申
	癸亥	刼傷	廿八	己酉
官	戊午	才殺	卅八	庚戌
			四八	辛亥
			五八	壬子

強弱 癸水生於仲夏又逢午時三火一土財官太旺幸戴亥支為帝旺之鄉更妙年干壬水刼財載子而亦為旺地。

弱而有助得中和之妙也。

格局 癸生午月為偏財之格。

用神 日元稍弱宜取壬水刼財幫身為用。

喜忌 喜金水忌火土尤忌木之生火洩水。

歲運 八歲初走丁未火土運幼境未豐十八歲戊運賴流年多金水所如尚順廿一歲壬申年茅廬初出即入某銀行為練習生廿三歲轉入申運刼財得長生當可不脛而馳廿八歲後己酉運一以流年之勝一以行運之善青雲直上前途正未有艾也三十八歲庚金正印運尤稱通達四十三歲戌運歲運皆木火土之鄉縱不修文地下亦必牀第呻吟越過此津然後得辛亥壬子運走西北致富何難

六親 財旺多妻日支亥字大有裨益於命局自然內助之賢亥中甲木傷官非喜神子較艱難年柱壬子為精華出

千里命譚（乙亥年述）

身高貴有劫無印丁運父母雙亡劫財爲用宜其長兄二兄皆有名於時也。

性情　火有水濟能剛能柔見解必清楚處事多得當

事業　命本可富自宜置身金融界若趨北地尤稱佳妙

此爲粵省某主席造固多過人之處八字純陽也天干三奇也地支聚祿也又拱雙貴也而干頭食神生財財資七殺支下祿印扶身標本兩停允爲貴象即以五行論窮通寶鑑曰正月甲木癸藏丙透名寒木向陽主大富貴亦恰到好處耳齊魯戰爭時有勇將名楊化昭者其八字爲庚寅戊寅甲戌丙寅較諸此造僅子字易戌字不過軍伍常流曇花一現蓋五行絕水木不得養膚有濟乎以視此造之開府天南蜚黃騰達判若天壤矣

庚寅　八歲　己卯
戊寅　十八　庚辰
甲子　廿八　辛巳
甲寅　卅八　壬午
丙寅　四八　癸未
　　　五八　甲申

辛未之秋袁子寒雲逝世士林惋惜鄭正秋君以其年庚詢余余曾答諸新聞報新園林言曰初秋三甲雖不得令却得其勢庚金七殺既旺且盛堪詢身殺兩強惟乏火之制殺印之化殺大爲缺點是以豪放不羈崛強寡合雖燕許文章機雲才藻未獲顯貴抑鬱以終行運僅丙戌丁亥之二十年較爲優良名山事業以此最宜再後卽夢幻泡影矣辛未流年官之混殺又甲木入墓繼不至修文道山亦有勃然他變孟子曰莫非命也誠哉是言先

甲戌　八歲　戊辰

獲我心矣。

或有詢余者曰八字亦有所謂精神飽滿者乎余曰有或又請益曰奚以知其然

丁卯　　十八　己巳
甲申　　念八　庚午
甲申　　卅八　辛未
庚午　　四八　壬申
　　　　五八　癸酉

余曰此誠難言之矣蓋祇可以意會不可以言傳也爰將上列一命剖之此乃余次
人之子甲生卯月爲至旺之鄉時透庚金得祿於申斧鑿功深樑棟成矣月頭丁火
得祿於時欣發木氣璀璨成章身旣旺殺又強傷兼以午申夾未財點綴得宜
豈非如人之神清氣爽精神飽滿者乎月刃用殺殺有傷制舒配旣美行運亦無阻畏蓋逢土爲財非鳥強所忌逢火
制殺益力逢水則印以化殺各盡其妙誠無間言矣是命雖格局平常卻遠勝奇格異局之上茫茫人海中能有幾許
耶。

乙丑　　十歲　庚辰
辛巳　　二十　己卯
甲辰　　卅十　戊寅
甲子　　四十　丁丑
　　　　五十　丙子
　　　　六十　乙亥

近閱西報戚載英皇喬治第五之傳略余以其生庚譯爲夏曆演成命局（排列
如上）對照其事歷頗有不爽者夫甲木日元子辰水局巳丑金局爲官印相生干
透辛金正官自是大貴之格冕堂皇統馭萬民固所宜也據傳十五歲至十八歲
環遊世界念五歲管帶海軍魚雷艦此時正交辰巳財運自應超拔出塵竿頭日進
廿六歲患傷寒症甚劇廿七歲乃兄逝世卯運刧刃之故四十六歲交丑運財貴之途已應發越迨以四十七歲辛亥
年又屬正官之鄉果於是歲登極入承大統足徵命之可信矣現行甲運身太重官較輕許未許樂觀余本不欲批外人
之命惟於髫齡時嘗讀西史深悉歐美風化亦頗信運會之說爰以中國命學推證英皇之造冀研究世界文學者
進而敎之焉

壬午　　五歲　丁未
丙午　　十五　戊申
甲午　　念五　己酉
庚午　　卅五　庚戌
　　　　四五　辛亥
　　　　五五　壬子

或謂地支一氣類然亦不可盡信如上列之造爲江西文學家梅君命也。
地支純午卻屬一世清貧蓋火熾木焚壬水制不住庚金任殺不住勢大適爲我敵勢
小難爲我用宜其相如璧立季子囊空送窮有文點金乏術惟八字純陽勁節高標
孤芬自賞固是書生本色早年聞術家言飛黃騰達詎料
行入辛運丁卯年忽得瘋癲之症貧而且病良以辛運本不爲劣歲逢丁字又剋出辛金故也近行亥運較前豐裕預

卜其壬運可更進一步子運冲午滴天髓所謂旺者冲衰者拔衰者冲旺者發爲禍之烈不可收拾矣又友人胡
君八字爲庚寅戊寅甲寅地支純寅但殺重制輕殊爲缺憾供職財政部運至巳火化殺功深由主事而升次長
迨及壬運黨殺之故一落千丈午運雖亦化殺終以壬水蓋頭屢起無成近年來愈趨窮困竊恐其甲申運更有屋漏
又遭連夜雨之苦也

命造（錫貞女士）

四柱	大運（歲／干支）
辛亥	七歲　壬寅
辛丑	十七　癸卯
甲午	念七　甲辰
癸酉	卅七　乙巳
	四七　丙午
	五七　丁未
	六七　戊申

此南京杜鐵簫先生次女公子錫貞女士之命也杜公歷任南匯江陰江浦等縣知事多年近有某君爲女士作伐與某公子撮合杜公深悉敝友蔣君精於命理請其推評而決焉因蔣君與千里探討命理昨蒙將女士并壻之庚造開示謬承錯愛於次本命財旺生官而官星太旺透印以解乃得中和午中傷官甚妙是救病之藥也運行木火相宜金運大忌合乾造而觀之洵是天成佳偶可見杜公擇壻之目力不差蓋壻命爲戊申甲子戊戌午戊土生於子月四柱火土重重身強財旺而殺透富貴之命也年坐文昌學藝定許軼衆時逢羊刃七殺遇之爲奇子午相冲妙有申戌調解當卜性極忠實意志傲強行運忌走火土水木最利

天干乙木三朋妙得壬水涵養不畏巳午未旺火之洩氣既濟功成無慮亢燥無憂偏枯桓桓武士矯矯虎臣豈多讓於古之起翦頗牧哉或謂戊運尅壬何以迭奏膚功不知命以火炎爲病壬水僅可養木不能制火旣見戊土之化火則火患除矣中間流年又多水木壬不受戊之傷害立勤王之勳建不朽之功宜其後實丁丑

命造

四柱	大運（歲／干支）
乙未	八歲　辛巳
壬午	十八　庚辰
乙酉	廿八　己卯
乙巳	卅八　戊寅
	四八　丁丑
	丙子

此係某軍需長之命滴天髓闡微有云「弱者宜生尅者宜制而不宜生也」又曰「太衰宜尅衰極宜洩」所謂虛則補其母是以秋木凋落宜金而不宜水也」依此而論本命乙木日干生於立冬前十日土王用事身坐死地時歸絕處年逢病

步碌碌無成丑運爲溼土足以晦火則豐功偉烈當更有甚於今日者勉之哉（某名將造）

現行庚寅運官坐絕地官海多風波寅為羊刃與亥作合以刃化印宜其顯達名利兩振卯運欠利

於酉胎於子僅有戌庫可賴庚金有兩乙遙合相助勢非孤立按其身掌權務總任軍需何莫非旺財生官之明徵耶

洩也明矣余以財旺生官立論或有取丙火傷官意謂庚金正官為丙火所傷不足尚巳言非旺財生官之明徵耶

乙酉　　六四　癸巳

鄉所依以生存者賴有戌支身庫及時干比肩雖曰衰弱尚未臻極地宜剋而不宜

己卯　一歲　乙亥
丙子　十一　甲戌
乙丑　廿一　癸酉
丁亥　卅一　壬申
戊寅　四一　辛未
　　　五一　庚午

此鄉君命也君為海上紗業界聞人得失勳輒萬金其經營商業範圍廣大駭人

聽聞夫天干丙丁與巳一派火土財鄉地支亥子丑卯鐙是水木幫身標本勾更

妙各立門戶固不愧商場健將且乙丙丁亥子丑干支聯珠矯勇善戰角逐果敢習

性生成非偶然也前運壬申十載積資三百萬尤得力於申運蓋原局缺金申金會

齊五行源遠流長生生不息故也至癸亥甲子兩年傾家蕩產反欠人百餘萬水木太過所以致此庚運為金又屬大

利濟償宿負游刃有餘再盈數十萬金去歲甲戌為刧財流年復告室如懸磬抑且高築償運今年乙亥巳無活動餘

地按乙亥之水木太重本非所利恐年內有咎無休與味蕭然明歲丙子起純逢火土之年直如冬盡春回大地錦繡

又是花木暢茂一片蓬勃景象矣

癸未　　　六十　己酉

此命不識其姓氏乃平翁告我者據云為上海工部局小工頭目巳積資成富生

乙卯　十歲　甲寅
乙卯　二十　癸丑
戊寅　三十　壬子
　　　四十　辛亥
　　　五十　庚戌
　　　六十　己酉

活殊優余曰乙誕仲春支全亥卯未為曲直仁壽格所喜四柱絕金格局無破時落

戊寅為火土生地木之祿旺則流通秀氣堅固格局更加錦上添花是宜由漸入

豐空拳致富者也前行之運都屬水鄉頗見安順現行庚金不利於桮順中防逆選

幸流年無金濟而不凶戌運為火庫為燥土豪富無疑巳運有乙木之爭蓋即美中不足現行庚金不利於桮順中防逆運

局既如是售美何以不作名公鉅卿乎余曰宦海一途浮沈彌定名公鉅卿豈必好命熙來攘往寧及此君之優遊穩

固且駕乎數千工人之上鶴立雞羣亦不失無冕帝皇之樂也西漢黃霸有云無官在職一身爽輕若此命造雖少印

綬之掌綰詎不愈於坐高堂騎大馬之顯達耶。

癸卯　　六歲　庚申
辛酉　　十六　己未
乙卯　　念六　戊午
辛巳　　卅六　丁巳
　　　　四六　丙辰
　　　　五六　乙卯

此爲某軍人之命癸酉暮春嘗訪余盧。自言濶跡軍伍碌碌半生遍來環境蕭然擬投浦自盡者已經三次終不識命運如何究竟生機絶否余曰乙木死於秋所患辛金根深受剋太重幸有癸水之洩金生木危而有救惟丙丁不透干七殺不獲其制日主則不克如滴天髓所謂懷丁抱丙跨鳳乘猴而仍嫌柔弱爲美中不足也君既才識壓衆抱負不凡若遽萌短見無乃自棄乎前運一派土金助殺壞印故豐才嗇遇莫展經別三載忽於上月卽交午火運制殺功深定見轉機如南方有故舊前往求援正可水魚膠漆相得益彰本年卽交午火復臨神采煥發大非昔比據謂別後亡命羊城由舅氏之介投效某軍長麾下嗣得軍長之賞識提攜竿頭日進茲且攖重權於南粵比者道經春江因感余當年所斷之盡驗指其求援南方獲益尤非淺鮮特來面謁專伸謝悃余愛再視其命此後丁巳丙三運更較昌盛勉以鵬程無限善自爲國効勞云

己巳　　八歲　戊寅
丁丑　　十八　己卯
乙丑　　念八　庚辰
乙酉　　卅八　辛巳
　　　　四八　壬午
　　　　五八　癸未

此迺坤命爲海上某閩人之女公子庚午孟春旣望舉宴湯餅大江南北各界名流均往道賀極一時之盛所收禮份傳有十五萬元之鉅固足豪矣然亦有命焉非可偶致也蓋寒木逢丁而暖得己而盛干上一無廢物支全巳酉丑則偏官會局夫星更昌從德之美滿何待言哉或病水淺印鈌殊不知丑月巳日爲虛濕之地正喜壬癸未透庶不飄浮爲患故行運一路土金木火福祿綿亘光明昌熾方與未艾直至壬癸兩運始見遜色耳夫秀骺之木不宜多水祇喜木火嘗見冬木孤寒之命走水運而傾家蕩產走木火運而倉滿庫盈者不知凡幾若泥於衰則喜幫而以印爲喜見者失諸毫釐差以千里矣

乙巳　　九歲　丁亥
戊子　　十九　丙戌
　　　　念九　乙酉

論偏枯之命局易推中和之命局難此爲略識命理之人所共知者也今以鎮江人孫君之命爲例乙誕子月水旺木健時下得寅木帝旺年上見乙木比肩則應以

身強論然兩戊剋水兩巳洩木抑挫之力尤屬於所幫所助者強之程度僅堪任財

乙巳　　三九　甲申
戊寅　　四九　癸未
　　　　五九　壬午

弱之地步亦非至喜祇可稱其不強不弱故既難論其喜忌更難推歲運之休咎然

有一法焉行幫身運貴逢財官之年行財官運則喜幫身之年若歲運皆屬生扶或抑挫即趨於偏枯而非中和八字

所宜矣是以孫君命造丙運以甲乙流年勝於丙丁戊運則庚辛年不如壬癸乙運愛洩化酉運又喜幫扶餘運可以

類推總之此種命局不在少數合歲運而互相平衡方為確也

丙戌　　三歲　乙未
丙申　　十三　甲午
乙巳　　念三　癸巳
　　　　卅三　壬辰
庚辰　　四三　辛卯
　　　　五三　庚寅

此酉女命乙生申月時座庚金夫星得祿乎兩丙一巳剋庚太甚且五行少水

無印幫身亦屬偏枯之局更以早年多東南運故綠窗貧苦落於寒微之門初嬪木

商行屆巳運忽失所天淒涼特甚三十五歲再醮某醫醫本無藉藉名得婦後生涯

激增門庭若市十餘年來盈財鉅萬家境日隆查此婦之行壬辰辛巳三運水金幫夫

或亦與有功歟婦聞術家言卯寅運皆多不利因就詢於余余曰卯運幫身且蓋頭為辛金不足為慮庚運助官晚境

最優寅申官根動搖即夫遭不祿尤以六十一歲丙戌年危如累卵矣

人之疾病亦可由命中推測然有驗有不驗蓋命該究患何疾祇能言其端緒不

能指其纖微大抵以寒煖燥濕推之百不失一焉如文學家兼書法家倪古蓮先生

壬寅、　七歲　戊申
丁未　　十七　己酉
乙巳　　念七　庚戌
　　　　卅七　辛亥
戊寅　　四七　壬子
　　　　五七　癸丑

久耳余名囑評其造余曰乙木生於夏令精華發洩外有餘而內實虛地支無不

藏火壬水為丁所合時上之戊又為陽土燥之極矣一無金水以濟之肺

病血疾在所不免純陽燥熱之體尤敢定斷焉戊運為火庫更屬可危然甲戌年又多一庫誠如雪上加霜既已倖越

或無生命之憂矣三十七後運轉西北一路康莊非惟功名利祿與日俱進體格亦矯健勝昔勉哉倪君讚不絕口旋

蒙其備加稱頌並將感佩之意刊諸社會晚報

癸酉　　二歲　庚申

上為某大使之命乙木凋零支全巳酉丑四柱純金識者咸以從殺格推之不知

己酉
辛巳
乙丑

十二　廿二　卅二　四二　五二　六二
己未　戊午　丁巳　丙辰　乙卯　甲寅

年頭癸水進氣金生木乙有根原不能從殺應作身弱用印以化其殺否則中年午丁巳丙四部火運制殺最力爲從格所大忌烏得穩度谷關且屢膺重任耶卯運重冲應有不利此後甲寅遄起財幫身老當益壯東山再起可掌握大權若乃致力於慈善事業更能廣種心田癸運亦不爲惡壽至丑運方臻危境若作從殺忌逢幫身則甲寅癸三運又多齟齬矣秋浦夏直欽君囑余推評夏君以仕宦而兼精子平亦謂此老命局按理以論及過去事實推之從殺格似較勉強

乙丑
己卯
乙亥
癸未

十一　廿一　卅一　四一　五一　六一
戊寅　丁丑　丙子　乙亥　甲戌　癸酉　壬申

此老出處宦途飽經榮祿年三十後家道中落幸擅長善法磨穿鐵硯利賴筆耕懷惻然壬運至凶無傷大祿亦云幸矣再後辛運苟延未運化木危如風燭按段祺瑞命爲乙丑己卯乙亥壬午其乙祿在卯己祿在午壬祿在亥交互得祿旺氣所繫且木旺水健午火洩秀格局清奇故在萬民之上八字之相差一時其霄壤徑庭有如此者吁可畏哉

幼時延人批命僉謂仁壽曲直之格謬以有爲期許最緣友人介紹造訪余廬詢問究竟余曰乙生卯月支全木局年支丑中藏辛曲直已破祇堪作身旺財輕之命以爲斷廿六歲前運行中南火土所以少年得志迨夫三十一歲運轉東北難免坎坷

乙巳
己卯
乙卯
丙子

七歲　十七　廿七　卅七　四七　五七
庚辰　辛巳　壬午　癸未　甲申　乙酉

壬申九月友人某囑評此命謂係廣東妓女由粤追踪來滬慾以身相許惟我年逾半百且巳兒孫繞膝恐納妓後家庭反而多故躊躇莫決謹詢於君乞剖其詳余曰乙木得祿於卯月比肩林立財星已毀用時上丙火賴之洩秀生財命非下乘豐姿卓犖固異凡卉官之無力即夫星不顯然居蓬室亦無所碍惟刻行壬運又逢壬年用神損傷十一月且爲壬子一片汪洋丙火殄滅恐妨其壽故納寵問題可容緩議茲惟虛與委蛇是乃上策友唯唯而去後相值途次問友以此事究竟友嘆曰誠如君言是妓已於壬申嘉冬服毒旅邸而歸物化矣微君果斷又增我幾許煩惱誠哉命之不欺人也

韋氏命學講義·卷十·千里命譚

癸未
辛酉
乙酉
丁亥
七 六 五 四 三 二 一
一 一 一 一 一 一 一 歲
甲 乙 丙 丁 戊 己 庚
寅 卯 辰 巳 午 未 申

殺重之命貴乎制化視此某主席命造更可徵信矣蓋秋木凋零秋金旣得其時又得其祿殺重身輕身旺殺之力量懸殊其輕重不可以道里計幸有癸印生身並化殺又有丁火食神以制殺制化之功乃完備矣宜其坐鎮某省廿四年來無或失足可方於唐之李郭宋之韓范閫澤覃敷洵爲民國軍人之冠冕也再推考

其一生經歷犖犖大者如辛亥年響應革命壬子年任都督丁巳年兼省長午丁二運春風和煦水波不興要非歲運屬水之化殺或火之制殺曷克臻此已運適以冲亥瑕瑜互見丙子年爲最盛舉國瞻仰庚運妬合酉金似乎難展驥才乙運五年蔗境優游聲望宏遠未可限量也

丁丑
癸卯
乙巳
丙子
七 六 五 四 三 二 一
十 十 十 十 十 十 歲
丁 戊 己 庚 辛 壬
酉 戌 亥 子 丑 寅

有以某大使之命詢余者迺簡爲批曰乙生卯月爲建祿不見他木但得時令之旺未獲氣勢之盛最貴水之灌漑火之煊妙在癸透干巳子居支生洩之功無忝美備自宜富貴雙全屬膺鉅任丙見乙見卯祿癸見子祿日主用神喜神交互得祿尤爲貴徵前行子運爵位迭晉蓋印得祿也已運息影財壞印也亥運再起印會局也戊運韜晦印被合也戊運癸酉年授駐俄大使癸印之功也今年乙亥明年丙子折衝樽俎壇坫增光有厚望焉丁丑年以下歲運均屬庸常宜清流賦詩無官一身輕矣

己亥
丁卯
乙未
己卯
六 五 四 三 二 一
十 十 十 十 十 八 歲
丙 乙 甲 癸 壬 辛
寅 丑 子 亥 戌 申

吳先生海上名律師也積學多才歷任學府法院領袖公餘之暇好研究命理時蒙以五行生剋相討論視其命造乙生卯月亥卯未會局五行絕金乃曲直仁壽之格尤貴干透丁火己土英華發越秀氣畢呈其命酷似遜清之李鴻章實錦繡前程可操左券子運以流年不濟外圍內缺未來癸運滋木助格氣象萬千尤以丙子丁丑兩火年騰達蜚黃改善法制保障民權全國人士引領瞻仰晉行亥運繼長增高壬運亦康頤安穩蔗境濃成運屬財惟中藏辛金爲病秋山紅樹退老珂鄉徵諸過去未來行運多吉足與命局媲美洵時代之傑出也

戊子

庚申
乙丑
壬午

六歲　辛酉
十六　壬戌
二六　癸亥
三六　甲子
四六　乙丑
五六　丙寅

止爲某聞人命造有以乙庚化金論者竊以時上見午火格局僅成其半且還不
符其聲價乙生申月干邊戊庚壬財官印既同藏於申宮又並露於干頭斯乃貴徵
俠義豪爽固是不凡前運日新月盛五十一之丑運更進一步造福社會癸當萬家
生佛亦厚於財故能利入而又利己也再後丙運雖魁庚金幸有壬水制之不足爲
慮寅運以冲申爲病豈可許子不憚煩勞趨吉避凶建策終莫妙於退隱今年歲還皆乙妬合庚金能者多勞其奈無
功何。

戊子

七歲　壬戌
十七　癸亥
二七　甲子
三七　乙丑
四七　丙寅
五七　丁卯

河南省政府知命子先生示余某總指揮之命造余簡爲批曰乙生辛酉月。殺重
身輕財星之兩透尤足爲病所貴者卯未會木局幫身而制財日主弱中有氣爲用
最喜比刧遇印則印被財壞不能化殺未必盡美逢食則有財黨殺制殺不專反以
洩氣爲慮徵諸已往子運僅屬發軔究不及乙運之顯赫此等命局獨喜乎比
刧矣丑運乃酉丑會成金局故幾瀕於危去年交來丙運合殺最美權爵更顯當不止爲一方領袖以後寅運繼長增
高丁運雖善以視丙寅直如小巫耳（一說丙子時想係傳聞之誤）

己卯

三歲　癸卯
十三　甲辰
廿三　乙巳
卅三　丙午
四三　丁未
五三　戊申

錢翁以其少君敬鏞先生示余之吉庚詢余先生爲海上籃球健將在運動界中頗負
時譽視其命造新春乙木甫得旺氣然見五水不免飄浮應賴寅中戊土制水爲用
神時上丙火生土爲相神偏枯之局一若無可貴著然核其運途早歲多比肩刧財
之運是以矯強果敢體力加人一等二十八歲後一路火土足補命中缺憾正合乎
癸爲己尅壬坐於墓官殺皆廢矣財値旺鄉又多傷食若謂財多身弱何貴之有。

己丑

十歲　壬申

（袖造）

癸酉　二十　辛未
丙辰　三十　庚午
壬辰　四十　己巳
　　　五十　戊辰
　　　六十　丁卯

幸無一點幫身可作棄命從財論所以鷗化鵬游罔知所屆焉己運以遂飛揚燜發
盛極一時盡己之生財也己之會金也無不利於格局耳將來戊運富貴從心予求
予取辰運自刑杌隉不安即宜韜光匿彩矣丁運若無阻隔卯運必危（某海軍領

乙巳　十九　丁亥
乙酉　廿九　戊子
丙辰　卅九　己丑
丙申　四九　庚寅
　　　五九　辛卯
　　　六九　壬辰
　　　七九　癸巳

四柱天干。兩乙兩丙木火相生人必曰兩干不雜格其實不然女命所注重者財
官柱中有財有官不沖不破便為佳造今丙火生於酉月正財當令與年支之巳半
會金局與日支之辰合而化金會合俱為財本命財乃極旺可覘其極有才能作事
幹練交際手段亦高柱中東合西會面面留情幸有兩印透干操守貞潔幫夫助家。
鄰里稱賢行運戊子己丑念年助夫興業家有餘歡庚運亦佳寅運冲申未見佳妙
年最要防衛（餘姚徐德聖先生夫人八字）

丁酉　六歲　戊子
丙辰　十六　己丑
丁亥　廿六　庚寅
庚辰　卅六　辛卯
　　　四六　壬辰
　　　五六　癸巳
　　　六六　甲午

上為寧波第五特區行政專員趙次勝先生之八字丙火生於亥月冬日可愛時
丁幫身亥中殺印同宮庚財通根於酉滋殺有源辰中食神制殺舒配得宜以故蔡
歲軒昂政聲卓著入壬辰運殺食兩顯出任專員辦理新嵊奉三縣剿匪事宜旋旋
所至小醜披靡甲運本有奪食之嫌柱露庚金仍奮發有為午運羊刃靜養太和為

妙。

丙戌　六歲　丙申
乙未　十六　丁酉
丙戌　廿六　戊戌
辛卯　卅六　己亥
　　　四六　庚子
　　　五六　辛丑

此紹興陳君泳之命也傷官運行戊己三部喜神逢連透清時值光復絲綢價格銳跌陳君在杭開設乾
裕永綢莊經營十五年獲利三十萬入亥運懊於亥卯未會成木局事業凋疲乃賦
歸來擁資二十餘萬足享林泉之福將來交子運尚可再起蓋六月間火土燥烈巳

一六二　　一七四

極柱中不見滴水。故富而不貴。今逢子水滋潤。調候爲急。豈有不勃然興者乎。

庚申　三歲
己卯　十三
丙戌　廿三　（卅三　四三　五三　六三　七三）
庚寅　　　　庚辰　辛巳　壬午　癸未　甲申　乙酉　丙戌　丁亥

此係福建劉杏村先生長子含懷兄八字。丙乃純陽之火。其勢猛烈。能煅庚金。遇強暴而施尅伐也。能生己土成慈愛而不凌下也。坐於犬鄉會虎合猺火勢益厚日主健甚己土臨月干以卑濕之土能收元陽之氣得以洩丙火之威壬水藏年支注洋之水能制暴烈之火得以過陽火之焰庚金兩露財臨旺地本命取格依正理以

推身旺印強自然以食傷爲用洩其太過茲卯戌相合正印化劫不若取傷官用財爲得當也夫火土日元人極渾厚姿質靈敏傷官透露生出偏財高傲之中帶有幾分柔氣將來讀書經商兩均相宜若立身於金融界尤卜權重位高發展地盤西北最利行運以巳火比肩祿堂身強不喜生扶刑耗在所不免壬午運壬爲七煞午爲羊刃馳譽社會家道興隆立德立言有名有利癸未運正印遇官惜露傷官美中不足甲申運一帆風順乙酉運乙爲正印酉爲正財於命似無衝突乃乙木絕於酉丙火死於酉丙戌運尚可丁運則殆矣

乙卯　四歲
庚辰　十四
丙子　廿四　（卅四　四四　五四　六四）
壬辰　　　　癸酉　甲戌　乙亥　丙子　丁丑　戊寅　己卯

舊命書以人生辰戌丑未之月謂之雜氣以其藏支多故謂之雜氣命理約言一闢闔之最暢今丙火生於辰月時透七煞普通命家當取時上一位貴格其他六神概置閒廢愚見所及取命格當以月中藏神透干會支爲重本命身健（多印生之）印旺（月時之印透天干）財透（乙助庚勢）殺強（壬旺於子非混官也）當取殺印相生身連環滋生非騰達而何行運最利食傷身旺印綬亦宜逢殺無傷過官非福內助賢淑財得食生也今子克家

戊子　一歲
丙辰　十一
丙子　廿一　（卅一　四一）
丙子　　　　丁巳　戊午　己未　庚申　辛酉

食用煞印立業宜近財政許得志蓋食生財財滋殺殺生印印生身身旺印名人八字余閱歷多矣然欲觀命局行運一路清澄著殊不數觀有之惟此實業聞人某君之命也蓋丙生辰月干透戊土爲食神格其露雙戊則食神更屬有力不見陰土則無傷官之混雜月上丙火比肩幫身乃不愁洩氣太重支下三子會辰本有

（此係上海四明銀行儲蓄部張君八字）

戊子
　　五一　　壬戌

傷於丙然辰土制水適成堤岸之功而盡保母之職可謂天成四配但命理約言云

有食不見財來何異麗豔土飯所幸二十一歲後二十年西方金運財氣通源自宜雲程萬里富貴兩全或謂壬運較

珠以壬丙一沖不免平地風波瑣生險象然繼善篇有言壬來尅丙須要戊字當頭則局中原有兩戊制壬有餘烏足

為慮玆此造命有缺憾運能補之運有危害命能解之此所謂一路清澄畢世麻穌飛黃騰達其來有自非偶然也

甲子　五歲　丁丑
丙子　十五　戊寅
丙子　念五　己卯
丙子　三五　庚辰
戊子　四五　辛巳
　　　五五　壬午

庚午新正吳君以此命垂詢余曰地支子水一炁天干甲丙戊寒煖相濟用偏印

以化官佳造也惟本年庚午與四子相沖午為丙刃刃之為物暴戾而不易馴伏若

再逢沖為禍尤烈恐如朝露之易晞賫錦前程或不可得惜哉吳君怵然不悅蓋所

詢者即其少君之命且係單傳也後聞此孩固於庚年七月染疫而死病僅一日耳

壬午　八歲　丁未
丙午　十八　戊申
丙戌　念八　己酉
丙戌　三八　庚戌
庚寅　四八　辛亥
　　　五八　壬子

夫刃之逢沖若無解救微論身強身弱禍變接踵而至如影隨形如響斯應此亦研究命學者所不可不知也

某翁告我一悍匪之命此匪徒衆逾千犯案山積然得逍遙法外余視其丙日而

支全寅午戌巳祿一方之旺氣刃干得財殺宜其凶悍無比雖不流芳百世

亦能遺臭萬年然倘能公行直道擇善而從未始非果敢傑出之才為國効用亦足

膺干城之選豈不懿哉若仍為非作歹橫行不法恐天網恢張難逃子運蓋沖刃出

輶爺錢當頭意中事耳。

己亥　三歲　甲戌
乙亥　十三　癸酉
丙戌　念三　壬申
壬辰　三三　辛未
　　　四三　庚午
　　　五三　己巳

此鎮江人金君之命金君自言研究子平之學已十有餘年對於本人八字之用

神終難取定因聞余名特就詢焉余曰丙生初冬支見兩亥辰戌又沖壬再透干病

於水多火弱識者非用己土以制水即用乙木以生火殊不知己為卑溼之土祇可

納水焉能鎮水況又眦鄰乙木之虎視眈眈更難以立足矣乙木雖能生火惟因病

童太過本身力量太輕不無乘桴浮海之歎此所以亦難為泰山之靠者則亥中甲木既得長生而進氣可洩水生木

・中流砥柱功自非淺所謂用神捨此莫屬矣早年祇甲運優裕曇花一現餘皆碌碌無奇四十八歲之未運五十八歲
之午運皆屬火土不難破壁而飛脫穎而出至於水流太過終患無定則風塵僕僕南楚北燕天涯飄走迄無暇逸境
遇乃命局早已生成無可挽救耳

乙酉	八歲	癸未
甲申	十八	壬午
丙辰	廿八	辛巳
甲午	卅八	庚辰
	四八	己卯
	五八	戊寅

此爲金融界巨擘某君命造丙火退氣於初秋本不能任申酉之旺財所妙時落
於午根得帝旺遠勝干頭衰木之生扶於爲轉弱爲強足可任財矣益以運多金水
固宜財源四達利益萬通事業有陶朱盛名也按揚宇霆命爲乙酉甲申丙辰戊戌
重土重金且戊土司令未免晦火太甚僅賴甲乙印綬之制土幇身已運乃得祿所
以聲勢最盛轟烈可畏庚運盡屬木火流年故仍灸手可熱辰運爲溼土戊辰年
土又如崩晦火無光不得善終意中事耳觀夫二命僅差一時楊氏之夢幻泡影萬不及此翁之福祿綿長毫釐不爽
有如此者談命固非易事思念及此不寒而慄矣

己未	五歲	己巳
戊辰	十五	庚午
丁未	廿五	辛未
戊申	卅五	壬申
	四五	癸酉
	五五	甲戌

某名公以楊秀瓊之八字囑余推評夫丁火滿見戊己於干支又在穀雨之後黃
土當權應如命理約言所云『日主無根滿局皆傷則當從傷』不作身弱論亦卽
滴天髓所謂『從兒格』是也宜其巾幗英才矯強特立十五歲行來庚運財星得
祿秀氣流動自應一鳴驚人聲譽震全國芳蹤所至公卿倒屣惟明年丙火尅庚幸
以高危滿損爲戒丁丑年或有關雎之兆往後午運平淡辛未十年福祿綿密壬運多險四十歲繼以申金癸水酉金
咸吉五十五歲晉甲運制傷破格危如纍卵矣

丁未	七歲	乙巳
戊戌	十七	甲午
辛酉	廿七	癸巳
	卅七	壬辰

閻錫山封翁富貴壽考一身兼全余嘗推評其命丁誕戌月干透戊土爲傷官格
戊生辛財辛生壬官壬生寅印寅又生身循環不息生氣盎然如是命局固不論金
木水火土之歲運或太過或不及皆得生化補救致險無由所以鶴骨松身克享遐

壬寅　六七　辛卯

齡而福祿綿密令子賢肖尤爲可貴誠今世之郭汾陽也按余講學於申商學會時。

某君以辛酉戊戌丁未辛丑一造見詢余斷爲韋命從傷以甲午兩運最危據云亦政海名流早於甲運騎馬墮亡噫。

僅與閣封翁之命相差一時而壽夭之異竟有如是者

戊戌　十二歲　己未
戊午　廿二　庚申
丁卯　卅二　辛酉
丙午　四二　壬戌
　　　五二　癸亥
　　　六二　甲子
　　　　　　乙丑

上係上海大衆書局經理樊劍剛先生八字丁火生於午月正逢當令之時日主甚爲強健加以兩祿幫身丙火輔主卯木生干雖曰至剛莫獻究嫌其太過幸有兩戊透干得以洩火之秀其作事機警幹練才學高明於此可覘所惜四柱五行缺水似此火炎土燥之際能有甘泉滋潤則坎離調燮後程莫可限量今賴運來補救未爲晚也本命以建祿用傷取格洩其太過亦得秀氣雖不及春木秋金之貴而火土傷官適亦得時乘勢經營就富可斷言也行運庚申辛酉財運於格最利但柱中比刦環伺左右定有耗財之舉壬戌癸亥廿年火土傷官見官本忌乃調候爲急故反吉也經營獲利鉅萬毋煩贅述。

己酉　四歲　戊辰
己巳　十四　丁卯
丁丑　廿四　丙寅
甲辰　卅四　乙丑
　　　四四　甲子
　　　五四　癸亥
　　　六四　壬戌

此係福州省郵務局秘書鄭炳年先生之郎君希文兄庚造現在上海東湖法律學院肄業品貌秀麗學問淵博核其命理確相符合非偶然也丁火生於巳月年酉長生日丑墓庫時干正印日元健朗或取食神生財或以月刃當殺言雖有理皆非正論當以月刦用財或疑既用刦又用財當非自相矛盾世有令盜蹠之人而掌銀庫者乎詎知月令爲刦而以財作用二者相刦必須食傷化之始可轉刦生財今柱中食神兩透甲己作合正印向食神生財綽有裕餘本命不但轉刦生財且可化刦爲財曷云乎四柱地支巳酉丑相會即以刦財之火化爲金局之財而時支之辰生年支之酉亦有助於金局兩位食神俱有生財能力安得不大富貴亦壽考耶夫食神健朗一生衣祿無虧年坐文昌學藝定占軼衆豐範清秀姿質靈敏印透時干又見其宅心正大無黨無偏他時爲國宣勞自不浮沉隨俗今日研究法律正以栽植基礎查其一生行運除丑運火庫稍有蹉跌外餘皆迪吉美

不勝言。滴天髓所謂一清到底有精神管取生平富貴真堪為斯造詠。

丁火日元生於立春後一日嚴寒未解火力未充得木生之自然氣斂勢足復奇
年月日時四支俱有甲乙之木生火巳嫌過多而寅宮丙火未中丁火亦皆有輔主
之功財神高透天干正官藏於兩亥本命財官印三奇俱全理應聲名騰達平步青
雲何今屈蟄市靡寄人籬下持籌握算鎮日勞勞要知柱中寅亥作合亥未相會官
星暗損官海無緣習買經商方堪溫飽印遇財傷堂上之陰庇不久正財明露闔中之威力獨張子息無多有二位足
滿慾蓋日逢天德遇險事可以化夷亥亥為乙貴遊異鄉到處歡迎大運初交己丑戊子俱未順利骨肉刑傷丁火幫身
亥運官貴運丙戌十年有名有利生子添丁乙運欠佳酉運尚順壽阻未運底（天津陳德培先生命造）

甲申　　三歲　己巳
戊辰　　十三　庚午
丁未　　廿三　辛未
丙午　　卅三　壬申
壬寅　　四三　癸酉
癸卯　　五八　甲戌

此係陳馥堂先生庚造雖為火土傷官自設綢肆未及三年因虧耗不支停業家
居株守田園蓋運行壬申時傷官見官一敗塗地破財喪妻備嘗困頓細按之壬干
陰火生土之力甚薄而戊土不產真金故無生財之道壬運之不入貴泉賴甲木之
功稍納水勢耳

此乃舞女陳珮珍之命正式遣嫁傳已五次刻聞徵逐舞場迄無所歸仍度其擾
攘抱生涯夫一丁被眾水包圍明晴夫星薈萃重疊滿盤爭妬之象是宜蛾眉蠛蠐
物蠆心招展一般狂蜂浪蝶如蠨蟻之附糖也現行酉運生水有源汪洋汎濫恐仍
意馬心猿得隴望蜀生張熟魏送往迎來而巳三十八歲換入戌運堤岸功成方有
樂觀或不致浮沈花鏡得能從一而終猶足為門楣媛婦否則四十三歲後申運助起水浪是又不堪收拾矣按官殺
並見之女命得良善結果者甚多蓋其去留清楚或制化得宜而巳若此命之五行少土官殺不得其制兩壬妒合一
丁癸水又來相爭兼以亥中干互藏壬癸紛歧無以復加不致夫星之二三其德者蓋幾希焉

一六七

一六九

人事滄桑升沉無定。際茲世界不景氣。富者貧貧者困。世途尤險比來海上經濟

凋枯地產衰落市況蕭瑟令人慘懼尤以盧少棠鄔志豪程霖生三公慘遭失敗更

不勝今昔之概余嘗得視渠等之命焉盧命排列如上炎上而戊己吐秀精明果幹

自非庸凡儕輩近走丙運運屬助格不應挫跌殆以壬申癸酉年之尅火甲戌年之

損傷戊土乙亥年之尅己冲巳流年不利有所致歟六十九歲後行入寅運歲運並美或得東山再起鄔命爲甲申丙

寅申壬申建祿冲破用丙火食神以制殺固是長抽善舞之輩且以壬水梟神爲病刻在辛運絆合丙火歲逢乙亥

亥爲壬祿更如助桀爲虐遭際之一蹶不振宜矣或謂未運殊佳然丙中南火土進氣水木無根疊花一現而已程命

爲丙戌癸巳乙亥癸未初視之身財兩停細究之立夏以後已未中火土應以身以亥水木應不敵火土應以身以

弱論行運都屬尅身故雖飽享陰福歷來劫耗可觀及至戊運盆爲不支厥後戊己兩運財重身輕仍難樂觀際茲年

居大衍詩云明哲保身程君正可如孔子之知命而永自韜養矣

戊辰　四歲　庚申
己未　十四　辛酉
丁巳　念四　壬戌
丙午　卅四　癸亥
　　　四四　甲子
　　　五四　乙丑

上爲本埠張君之命財重身輕所妙時上一刧一比雖嫌柔弱還幸有根幼時間

術者言財多而強且日支文昌貴人定得賢美之妻沾沾自喜唯盼早賦燕詩及至

二十四歲識同學某女士由戀愛而成婚女士品學兼優初固伉儷甚篤以爲術者

之言驗矣詎於庚午年女忽溺於博弈寢食俱廢每晚輒至一百八十一號（海上

辛丑　四歲　庚子
辛丑　十四　己亥
丁酉　念四　戊戌
丙午　卅四　丁酉
　　　四四　丙申
　　　五四　乙未

唯一大賭窟）作輪盤之賭未滿一年私蓄蕩然無以自慰乃由高樓越窗而墜死於非命厥狀殊慘客歲丙丁幫

鸞膠繼續惟慮復蹈覆轍就決於余曰以財多爲病財卽妻星烏足言內助賢美耶惟戊戌土運巳戌尾臂丙丁幫

身運卽將蒞臨此番續當不致再如元配之結局但欲倡隨適意亦不敢斷定夫普通談命者以爲財乃妻星日支

乃妻宮財旺者或日坐財星者妻必得力殊不知財多爲病之命妻宮美於何有論妻之優劣固以財爲標準然尤須

先觀財之得用與否若命中以財爲喜神財雖薄弱亦主得妻之力正不必斤斤於多寡之間以論其美惡也

論命者論休咎而已斷生死有驗有不驗蓋生寄死歸有夢必醒爲盜驅而生

不如爲伯夷而死未必爲吉死則未必爲凶上爲吾友柯君之命丁生子月

本屬殺旺乃午未戌中三土制殺太過引以爲病前行卯甲兩運盈財數十萬歟命

者皆謂木之尅土病神除去不脛而走洵非誑也未始非幸事耳嘗見有陳姓一命爲乙

丙戌　九歲　辛丑
庚子　十九　壬寅
丁未　念九　癸卯
丙午　丗九　甲辰
　　　四九　乙巳
　　　五九　丙午
　　　六十　丁未

巳戊子丁未丙午丁生子月根本極輕畏水之尅然巳午未戌重土如山亦制殺太過必死却今仍

健在惟於丙運煙酒嫖賭消耗資產不計其數至戌運爲父驅逐流而爲丐是乃雖不死亡貽醜自苦有何生人趣耶

知竟於今庚乙運乙年病而不起然富貴雙全兩子玉立且皆有聲於時結局不可謂不厚否則以後巳午火土之鄉

難免讀刦終於偏促之際反不如今日考終之爲得矣則我友今庚之死也未可預料運入乙木豐盈財數十萬歟命

觀夫柯陳兩造生死適成對峙之局則命之理微可以鑑矣

丁未　七歲　丙午
丁未　二七　乙巳
丁丑　三七　甲辰
丁未　四七　癸卯
　　　五七　壬寅
　　　六十　辛丑

此造本人亦諳子平之學自謂必死於巳運及至庚午年殆因環境坎坷竟作屈

原投海以自盡幸爲水警撈救終不獲死余視其命運天干丁火一燕地支土星重

火土相生正滴天髓所謂天全一氣地德載亦命理約言所稱兩神成象格局非

下乘胡爲作消極之舉類四夫之諒作溝瀆之經乎丑未一冲土金冲動丁火之精

英更足以發越尤爲貴徵巳運丁之帝旺火炎太甚自不爲喜庚午年因有庚金之故所以死而復活現行甲運亦

助火炎侷促如故辰運爲濕土清潤全局應見起色壬癸二運水之尅火渠自以爲美余謂火土重而水輕水萬不可

以制火反更激火之怒招土之尅何善之堪言寅卯運木之生火亦屬庸常總核終身行運少土金之途則卽所謂有

命而無運此乃自然之理烏可強耶

甲午　六歲　乙亥
甲戌　十六　丙子
　　　二六　丁丑

此梅蘭芳先生命也全局木火太旺喜日坐酉金時得癸水財殺清粹兼帶貴人

文昌自宜藝術獨精譽滿天下革中國之劇材作梨園之砥柱伶界大王當之無愧

丁酉
癸卯
三六　戊寅
四六　己卯
五六　庚辰

惜行運未能媲美命局所以僅享盛名而無權爵然來庚運資殺空前絕後恐不以伶官終其身變化飛騰未可限量焉今歲乙亥印得長生殺得旺地現赴蘇俄演

劇必有一番轟烈宣揚中國文化灌輸東方藝術所當厚望於君耳

乙酉
丙戌
戊午
壬戌
九歲　乙酉
十九　甲申
念九　癸未
卅九　壬午
四九　辛巳
五九　庚辰

武人之命貴乎氣旺文官之命則宜清秀此余經驗所得也觀夫此造則益信矣蓋九秋戊土得令當權干上丙火下午戌生之者又眾氣象萬千固非凡品然徒旺而無調劑則與販夫走卒曾有何異故壬水之制火乙木之疏土酉金之吐秀洵屬舒配適當勇奪三軍門充駒馬良有以也前行之運水火相間乘時崛起突進橫

飛現行辛運絆住丙火毀譽參半凶終隙末此後已庚等運大體尚善惟不若從前之盛矣（某將軍造）

甲戌
戊辰
戊申
壬子
六歲　己巳
十六　庚午
念六　辛未
卅六　壬申
四六　癸酉
五六　甲戌
六六　乙亥

或曰吳將軍命造為甲戌戊辰己酉丁卯夫土重疊過於金水木身太強財官太駢標本不均身世似不類心滋疑焉去夏蓬萊李潔盦君從余學命書函往還於請益中以甲戌戊辰戊申壬子一造見詢據云係將軍真命視其戊土日元比肩重疊申子辰會水局時干透壬乃身財兩美旺財生年頭甲木之殺惟乏火印以化殺及

金星制殺之為病故清高氣骨超類聯羣華夏威震遐蹤關岳可為武人楷模惜疊起疊仆終隱平泉夫戊午年庚申年辛酉年壬戌年內戰均獲大勝頗有武力統一安內攘外之冀此何故也無非制殺或為化殺因是益信殺重之命最貴乎化與制矣以流年不濟備嘗挫阺甲運沖辰更難飛騰英雄氣短

莫非命也

丁亥
壬寅
戊申
十三歲　丙申
念三　丁酉
卅三　戊戌
四三　己亥
五三　庚子

上係紹興蔣清渠先生庚造先生別署越州胖漢精究子平前承開示其造囑予評斷

評斷

戊屬土為萬物之母此常論也其實僅憑單獨之土質雖一草一木亦不能滋長

壬子　六三　乙未

發榮必須水以潤之火以暄之始可生生不已今月支之寅中藏丙火月干之壬明
明屬水水火兩金萬物資生生門第清高人才軼眾於此可卜惟細按之年支逢亥水時干透壬水日時二支又聯合水
局金計有五僅恃年干丁火及月支之寅所藏丙火斷不能勝多數之水雖曰水火兩全究未坎離調變必須運入火
土助日元用神之不逮耳查己運尚佳亥運不利戊戌丁酉丙申卅年名業崇隆生子餘金公私暢適攸往咸宜六十
七歲癸巳年多麻煩慎防為要

麻煩耳（餘姚曾昌寧君八字）

辛亥　三歲　乙未
丙申　十三　甲午
戊午　念三　癸巳
己未　卅三　壬辰
　　　四三　辛卯
　　　五三　庚寅
　　　六三　己丑

戊午日元戊為陽土喜潤而惡燥今生於立秋之後巳金旺而土休幸坐午宮旺
地又有羊刃幫身一生樂自無憂格取申宮食神兼取偏財為相名曰食
神生財所以潤身之秀調劑火土之和用食忌梟丙火梟印蓋頭則食受制矣詎知
丙辛作合而印非其印傷官透露主人性剛月坐文昌無怪金石書畫不學而能之
也戊坐午日羊刃逢印綬理應殘疾帶身行運以巳火祿當不利土辰辛卯庚念五年有財有名大吉大昌寅沖申多

甲寅　十一　戊辰
丁卯　二一　己巳
戊寅　三一　庚午
戊午　四一　辛未
甲午　五一　壬申
甲戌　六一　癸酉
　　　七一　甲戌

汪君以此命垂詢謂係亡友孫君之造何以生前走火運大利金運大敗。
且作屈原汨羅以自盡余曰殺重身輕設無丁印何以自存殺之太過逢傷食制之
不足反激其怒何如印綬生化之為美此所以金運遠不及火運也申運冲寅一金
為三木所敗命遭不祿亦所當然夫殺重之命正如盜匪侵主火運逢仲連排難
解紛主人性剛月坐文昌...

壬子　二歲　己酉

足以幹旋兩方各不傷和若逢傷官食神而無力量乃如忽至老弱殘警欲逮捕之勢必警匪相戰終於警為匪殺反
激匪怒為事主者則如棟折榱崩其危不言可喻矣故凡命中忌神太過祇宜洩化不宜強制制之有力則益制之來
足則損此亦余經驗談也

此吾邑錢翁之命也出身豪富重義輕財晚年耗斁卒彈鋏於猶子門下殊為感

戊申　　十二　庚戌
戊辰　　念二　辛亥
戊辰　　卅二　壬子
辛酉　　卌二　癸丑
　　　　五二　甲寅

鄺鄘夷茲者壽踰杖朝懷涼孤苦士論惜之夫戊土生於孟秋支全水局時落辛酉金水並旺而秀氣流行格局本非庸俗奈日主太輕身不任財既有月上戊土比肩從財則又不眞益以運皆西北金水宜其豐裕春申雖有三千珠履之名卒流金空本應否極泰來然行諸太晚不免美人遲暮之慨以後巳運更佳或不致落季子之類亦足悲矣刻走丁運正印助身冀以終

癸未　　二歲　辛酉
壬戌　　十二　庚申
己丑　　念二　己未
庚午　　卅二　戊午
　　　　卌二　丁巳
　　　　五二　丙辰

此某總指揮造己見丑戌未名稼穡格是格有清陳相國素庵論之最精其言曰「一須通月氣一須時上生旺一須柱中無剋破但蠢然濁土亦不足取須帶傷食財印有生動之機爲妙」今夫己生戌月月氣通矣時下午祿得生旺矣干不透木無剋破矣有庚金傷官及壬癸財星秀氣發揚矣格局純粹所以爲名將也爲偉人也早年金運中年土運晚年火運固宜竿頭日上五十七歲交辰運辰戌丑未全備尤爲燦爛光明六十二歲乙運破格則子美西去淵明東歸此其時歟

丙戌　　九歲　戊戌
丁酉　　十九　己亥
己卯　　念九　庚子
丁卯　　卅九　辛丑
　　　　卌九　壬寅
　　　　五九　癸卯
　　　　六九　甲辰

上係營口天和報關經理張之聲先生庚造己土生於酉月正値秋金司令食神當權洩身之秀美不可言無如四柱天干陽火陰火層見叠出食神受印綬之制己無遮飾所謂火炎土燥金無所賴且卯酉逢冲酉戌相害將極妙秀氣完全剋除本命驕點即由於此卯宮偏官結黨攻身原冀食神來制不圖食神本身四面楚歌自顧不遑乃偏官不得不用印來引化所謂制殺無如化殺高以食神格而兼用殺印行運自子字起歷行辛丑壬寅癸三十年步步順境處處遂心經商獲利數可驚人惟妻不剋則不睦子艱難云

庚辰　　八歲　己丑
戊子　　十八　庚寅
　　　　念八　辛卯

上爲曾任浙江餘姚湯溪等縣縣長端木彰先生庚造己土生於子月偏財當令柱中七煞重重財來滋煞故歷任軍界要職（前浙省魯主席滌平是其門生）柱

己卯　壬辰
乙亥　癸巳
庚午　甲午
乙丑　乙未
　　　丙申
（念八　冊八　四八　五八　六八）

中所缺者印綬，殺無印不威，故其人溫厚和平，藹然可親，內檔殺居日支也。迨運入巳地，煞印相生，而寒冷之濕土遇陽光普照，豈有不舒展之理，故於壬申年四月委署餘姚縣長，至甲戌夏季調籤湯溪，政譽卓著，近甫卸職，預料入甲午運，木能生火，而火生土，必較巳運尤勝。且甲與己合，官不混殺，交乙運合庚不利。

乙丑
庚辰
己未
庚午
大運：己卯　戊寅　丁丑　丙子　乙亥　甲戌　癸酉
（六八　五八　四八　冊八　念八　十八　八）

上為程柏堂先生庚造。程紹興人，光緒丁酉年拔貢，截取京官，乙巳年出任蘇省華亭縣知縣多年，光復後歷充蘆差，並在江浙財政廳任祕書科長等職，工於八法，顧貧盛名，家資鉅萬，伉儷和諧。查其庚造，盍己土生於辰月，季土疊疊，午火居時日，元強旺無疑，或以日祿歸時沒官星取格，或以月刼用煞定評，按之旺者宜洩，季土疊疊，宜重金以吐秀，本命幼歲選拔萃科，歷官京曹，壯年出膺花封，政聲卓著，非其傷官得氣而何，精文學，擅八法，猶餘事耳。查大運甲運稍差，聞彼時篤信佛學，靜心休養，得以化險為夷，戊運癸運，重列仕版，一路順境，酉運食來混傷，難以言吉也。

戊申
丁巳
己巳
辛未
大運：戊午　己未　庚申　辛酉　壬戌　癸亥　甲子
（八歲　十八　念八　冊八　四八　五八　六八）

己土日元，其性卑濕，能生木，亦能潤金，生於巳月，赤帝司權，土隨母旺，日主高強，依理而推，當取正印為格，一派火土混濁不清，所幸傷官傷盡用之為奇，性極高傲，作事聰明，祖業不豐，尚堪溫飽，將來自手發展，獲資蓄鉅，妻堅配方免刑傷，子遲得乃有收成。大運初行戊午己未火土幫身，不見佳妙，庚申辛酉年喜神透清，添丁增口財帛進門，壬癸財運柱中刼多，暗受其損，恐多麻煩，亥運冲巳不利（餘姚王吉哉先生之命造）。

庚戌
甲申
己酉
大運：癸未　壬午　辛巳　庚辰　己卯
（二歲　十二　念二　冊二　四二　五二　六二）

石軍長戀有二妹，欲納其一以充簉室，不識二人之命孰為優善，就決於余，余曰，庚戌之造，秋土薄弱，受重金之洩，秀氣盡發，當有傾國傾城之姿，惟甲木官星死絕，乃非命婦之格，或恐不安於室，或恐早賦孤鵠，良可畏也，另一女命，乃癸丑癸亥丙

申己丑雖傷官見官，幸初冬水旺，又有申金之官洩土生水，官星有力矣，身主固弱，宜用亥中甲木偏印，以之合傷幫身。姿色雖不逮前命，豔然兩相評較，彼則顦顇卑薄，此乃愜心貴當，石軍長雖避余說，但終迷戀美色，卒娶庚戌秀豔之命。未閱半載，女果席捲遠颺，石軍長悔而無及，追從余囑之言，再覓癸丑之造，冀聯舊歡，詎料若女已嬪某君，安作商人婦矣。

辛未　五二　戊寅
庚午　七歲　庚寅
己丑　十七　辛卯
己未　念七　壬辰
甲子　三七　癸巳

上係紹興與益新玻璃廠主人劉炳輝先生之造，亦由蔣清渠君開示，囑余評斷。查己未日元生於丑月，巳值土旺用事，所好者丑未逢冲，冲出丑中辛金之助。一生安居樂業，財丁兩旺者，全賴於食傷之力也。金食神而年庚傷官為辛金之助。本命八字取用年祿，既不足以言格，合化又見妬合難成，不如季土疊疊，喜重金以吐秀，月辛年庚取用為妙。而時上之財有源，不特中饋得力，家境漸豐，子孫繩繩，全在丑未一冲庚辛之力也。行運遲正，壬辰癸巳念年財源逢庫，喜神遇長生，營業之發達，獲利之豐盈，無可比擬，生齒日繁，更意中事耳。甲運稍差，乙未運更……

己亥　四歲　丙子
丁丑　十四　乙亥
己丑　念四　甲戌
己巳　三四　癸酉
　　　四四　壬申
　　　五四　辛未

此張君德輿之命。張君現任華安合群保壽公司上海營業部主任，或以己日己丑巳時，目為金神格。然此格早為陳素庵先生所闢去，祇能作亥丑拱子水財貴，以洩身之旺。水可輕身，過於財，以為斷。觀夫所行之運，自以金水為最佳，蓋金可以洩身之旺，水可以助財之力，故未來酉壬申辛一路金水奮發有為，謀福利於人羣，創基業以潤屋。丑巳時目為金神格，然此格早為陳素庵先生所闢去，祇能作亥丑拱子水財貴，而又有乙木偏官以制比肩，堪稱標本。

跂予望焉。據云渠有同學陳某君，同舟至美國留學，既同居同校，又同宿同膳，且八字亦類同，為己亥丁丑己丑己巳，僅相差一時。張君品學兼優，其業穩固，差堪溫飽而已。陳君則為南粵富商陳輔成先生之哲嗣、炳謙先生之令姪，兩美故，與張君命局雖屬相仿，而豪富殆尤過焉。

上為一僧侶之命。孫福堂為余言。是僧三歲父母雙亡。七歲為舅氏攜入某寺落髮飯依。按己酉日元生於申月。支全西方。干透庚壬。金勢猛烈。洩氣太過。局中無火。祇可用剋。然戊土虛脫。用神無力。終以身弱傷重無印為病。固生成寒微之命也。喜忌篇云。日干旺甚無依。若不為僧即道。今乃知身弱無依為病。偏枯太甚。亦黃冠客空桑子之一流。亦不過謝絕紅塵。砥礪清修。誦經禮佛。度其老衲生涯而已。甲運若不圓寂。可至寅運以終樂土耳。九歲以來。皆行金水運。清淨無為。孑然一身。然以後甲子乙丑水木之鄉。

```
戊戌
庚申
己酉
壬申
九歲　辛酉
十九　壬戌
念九　癸亥
三九　甲子
四九　乙丑
五九　丙寅
```

福建林文波先生在閩。知余已久。比者以事來申。造訪余廬。囑評其本人之命外。又垂詢其猶子命造。余曰。八字土得其七。況值火土並旺之候。強戚旺蓋達極點。若非時上辛金秀氣得發越。然終有土重金埋。火多金熔之患。而病偏枯太甚。行運一路金水。終身不逢火土。則豐裕顯達。發揚蹈厲。正如苗吐含苞。不旋踵而芳芬麗藻。嬌特立於社會中。固非凡庸一流。設無行運以濟之。直一殘廢飲恨之人耳。余閱命多矣。近世孩童之造。輒以偏枯為病。而行運每能相濟。且都綿亘數十年之久。故恆以一帆風順有為相期許。子思作中庸有曰。國家將興。必有禎祥。此亦讖天不欲久困中國非耶。

```
戊辰
己未
己未
辛未
八歲　庚申
十八　辛酉
念八　壬戌
三八　癸亥
四八　甲子
五八　乙丑
```

此蘭英女史之命也。女史以善畫名於時。己生未月。身主不弱。地支丑未相沖。天干辛乙交戰。七殺為食神追制。不如亥中甲木正官。寄生於母宮之為美。應以官為夫星。時透壬財。則財以生官。而官不畏傷食剋制。其英姿颯爽。藝術絕倫。抑且夫子兩美。誠得天獨厚者也。戊戌十年劫財運。始而夫病幾危。繼則自身遇盜。亦云險矣。此後己運平滯。亥運以下。一路金水蔗境。餘甘頤養安逸。神峯通攷載有一命。為辛丑乙未戊戌庚申。乃重土重金。而祇有一木正官受損太過。運至西金。金再剋木。卒至自縊而亡。按此兩命。一以有財而官不受害。所以福慧雙修一

```
辛丑
乙未
己亥
壬申
七歲　丙申
十七　丁酉
念七　戊戌
三七　己亥
四七　庚子
五七　辛丑
```

以無財而成偏枯之局。終自經於溝瀆不慘乎。總之女命首重夫子兩星。然求夫子兩宮之並美。更非財星不為功

也。

韋氏命學講義　千里命譚

丁亥　　　　壬子
　　　十九歲辛亥
癸丑　　　　庚戌
　　　念九歲庚戌
己酉　　　　己酉
　　　卅九歲戊申
戊辰　　　　丁未
　　　五九歲丙午

此為顧公之命己生丑月干透癸水支見兩亥又為蓄水之庫財旺極矣全得
力於時上戊土之鎮水幫身用神應即歸諸戊土劫財良以無戊則安可任財不任
財則安得豪富或取丑中辛金食神為用恐身主更弱矣兩亥夾丑拱子水貴人宜
其囂腐鉅任折衝壇坫為國爭光四支皆藏財又有拱財一生自多豔福財重用劫
內助雖得力仍不免鼓盆興歎且剋妻獨在於戌運是更命之可信矣查前運多金水花枝招展遇榮繁然竊以戊
運之用神得助掌握重權或有更進者申運順流而下總之此命逢金水火土之運皆不為惡惟憎木之損傷用神幸
生平無木運故三元不敗堪稱得天獨厚者矣。

庚戌
　　　十歲庚辰
辛巳
　　　二十己卯
丁亥
　　　念九丙戌
乙酉
　　　九歲丙戌

阮玲玉一死。轟動全國吾友鄭君特囑推究其命。余曰己生巳月因有兩亥印綬
冲散時透乙木因有庚辛制殺太過身主與七殺一無可恃故意志不堅正途歧趨
莫之辨別片念阢隉塞死於非命雖從兩夫終無所歸至於傷食並露秀氣發越固宜
英敏豔麗精藝絕倫不為銀壇領袖當亦作歌裙舞扇之翹楚也今年兩乙三亥天
干金木之戰地支水火之冲乃滿盤啟釁禍起蕭牆失足成恨一代藝人竟埋黃土寧不悲哉

甲子
　　　六九甲辰
己丑
　　　四九壬午
丁亥
　　　念九甲申
乙酉
　　　九歲丙戌

前黑龍江代理主席郎官普先生久耳余名客春因公南下道出海上手其將軍
命造叩余休咎爰為簡批曰己見亥子丑病於水盛助成寒溼妙有丁火煦融更喜
鄰於乙木丁獨資助則驅寒有力且水生木而木生火財也殺也印也生生不息八
字貴良有以也或謂此命天成格局名化梟者非篤論也早年行運碌碌無奇行
屆未運中藏乙丁並含用神喜神再逢辛未之年宜乎一鳴驚人一飛冲天功立華夏威震萬方矣行及壬運則又以

韋氏命學講義　千里命譚

水之助溼燥爛光明歸諸平淡白圭之玷莫非命也午運丁火得祿發揚蹈厲全國仰之上馬殺賊跂予望之辛運與

乙丁互冲功成歸隱頤養天年斯其時矣

辛亥
庚子
庚辰
丙戌

己亥　戊戌　丁酉　丙申　乙未　甲午　癸巳
七　六　五　四　念　十

傷官意向一致則以傷官取格自無疑義時值冬令水旺嫌其過寒所幸時上丙火透天不惟冬日之可愛調候

亦關緊要故兼取七煞爲相名曰傷官帶煞行運丁酉丙申乙未甲午均佳

上海鄭希傑先生求學北平大學推評四柱庚金生於仲冬之月坐下辰土

月干庚金年干辛金皆足爲日元之助身主健朗可覘其德性堅定作事精明傷官

坐月令英華外發聰明伶俐年支逢文昌學術高明堪以預卜身強宜洩月支子水

正所以洩身之秀而亥子會成北方子辰半會水局雖曰方局不宜相混要皆擁護

辛亥
辛丑
庚申
辛巳

六歲　十六　念六　三六　四六　五六
庚子　己亥　戊戌　丁酉　丙申　乙未

此李先生之命造干上庚辛酉西方一氣支下巳爲金之長生丑爲金之庫門申爲

金之祿地乃屬一行得氣時在季冬金寒而失令則較遜色故用巳內丙火以煉其

銳以驅其寒前行丙丁運豐裕顯赫申年因某案而入獄良以歲運皆申丙

火用神臨於病地又受壬水之剋一時蹇屈所不免耳書云丙臨申位逢陽水難獲

延年其不遭夭亡已屬萬幸未來之乙木運丙子丁丑兩火年東南並行剝極必復大器堪期於晚成也

嘉善沈恆甫君雅好命理時相過從嘗示我一丐者之命（排列如上）夫寒金

丁亥
癸丑
庚子
丁亥

九歲　十九　念九　三九　四九　五九
壬子　辛亥　庚戌　己酉　戊申　丁未

喜火所嫌支全亥子丑北方水旺又月干癸剋丁火五行無木未得生化之情一片

寒涼之局宜其蓬飄萍泛淪落天涯歌板臨風飯迎月鵠形菜色仰面求人矣且

運皆金水縱不爲東郭乞食亦必爲溝壑餓莩設此等命局運行東南木火未始非

李子賣臣由困入亨之一流富貴貧賤固繫乎命然運之榮枯盛衰關鍵尤爲重要管子曰壽之修短有數命之顯晦

有定要皆運會豐塞維繫之誠哉是言我儕爲人評命對於選途之推敲不可或忽也

壬午　　八歲　庚戌
己酉　　十八　辛亥
庚申　　念八　壬子
丙子　　卅八　癸丑
　　　　四八　甲寅
　　　　五八　乙卯

此潮州人鄭君命造也曩時諸人批命咸謂酉月庚申日喜火煅煉應用丙殺有
勸其涉跡政界者前歲囑余推評余曰庚金得祿旺於秋令年干透壬支會申子水
威而居相位丙火豈能敵相水而制旺金五行缺木丙更無力殺弗能用不如用壬
永食神以順金勢並洩秀氣士而爲商庶乎近之金水澄清貨殖餘暇致力名山事
業亦足以著述自豪豈不快意鄭君頷首應之曰幼攻舉子業但終功名不售年三十後改營商務則得心應手尤以
甲運盈財最鉅并謂素工詞曲願將畢生著作付梓問世洵哉評命擇業關鍵全繫乎用神之斟酌設鄭君羨慕虛榮
而信用殺之一官終身捲入宦海恐一官半秩且未得意詎不惜乎預卜寅乙兩運食神見財營商獲利更有厚望焉

己卯　　十歲　辛未
庚午　　二十　壬申
庚子　　三十　癸酉
己卯　　四十　甲戌
　　　　五十　乙亥
　　　　六十　丙子

張翁家有一女備年踰風信貌奇醜面且麻迄今未嫁恐畢生難膺人選故乞推
究其命余曰庚生午月干透己土爲正印格午內丁火司令則正官乘權官印並美
爲坤福之兆命婦格局固已成立或以子午卯酉四沖四敗非之然子水傷官失其
時令與午相冲滴天髓所謂冲旺則發午火正官非惟不畏其冲且因冲
而益見矯強子則冲拔是庸何傷至於卯酉地位遠隔更無冲意奚足爲病四敗之說亦不可盡拘惟現行申金運爲
祿堂所以吉星未照雖未脫穎頷龍未點睛一旦時運轉圜行至癸水既濟功成即入昌明之路矣甲運以後尤見發揚
孟光之案與眉齊相夫立極彼梁鴻乘機而起未始非得力於內助也

壬子　　九歲　辛亥
壬子　　十九　庚戌
己卯　　念九　己酉
丁丑　　卅九　戊申
　　　　　　　丁未
　　　　　　　丙午

此名妓花月影之命庚生嘉冬兩見壬子辰丑又皆溼土區區丁火瑜不掩瑕危
險直如風燭夫星與身主兩有所缺以致旱蓽平康年方及笄即出應徵送往迎來
極盡歡笑然二十四歲達入戌運乃火庫亦爲燥土更以流年如丙子丁丑戊寅
己卯中南順行當有貴客垂青納爲擁抱從此附驥益顯獲掌家政苟得忠心侍主
舉案勤勞以後美運接輶或堪身列命婦福祿綿延晚歲純行南方火運蔗境更榮詩云永言配命自求多福固非吳

下歌女婢也。細按命之水清如鏡。理宜丰姿卓犖。陽春白雪。婉囀歌喉。不失為秦樓楚館中豔美之名為。或謂女命水

多性同鴛雀。吁是則語涉猥藝。豈文人名教中所能道耶。

```
甲午　二歲　丙子
乙亥　十二　丁丑
庚辰　念二　戊寅
己卯　卅二　己卯
　　　四二　庚辰
　　　五二　辛巳
```

此某財長造。十月庚金。水冷性寒。喜己土制水。午火取暖。而乙庚合。甲己合財印
不悖。各立門戶。月日時又出於一旬三位。斯更可貴。果幹英明。總攬全國財
政。非偶然也。運程宜助宜幫。刻走庚金。病於妬合。自非正運。將來辰辛兩步土金強
身。官場愈加熱鬧。名路益見光榮。巳運為亥所冲。則宜知幾引退矣。
或有以猶太富商哈同生庚。譯為陰歷。演成命局。洗余推測。雖未必可特。然管其

```
己酉　六歲　己巳
己卯　十六　戊辰
庚午　二六　丁卯
庚子　三六　丙寅
　　　四六　乙丑
　　　五六　甲子
　　　六六　癸亥
```

八字殺旺用印。固非凡庸之輩。但空拳致富。竟為滬上地產大王。實行運有以致之
蓋自三十歲後。歷行數十年水木財鄉。所當豪門珠履。貫朽粟陳。為地主領袖。稱海
內鉅富。至於七殺少制。傷官無力。是以伯道無兒。竟喪明。絕其後嗣。是亦畫龍雖

好。
點睛未成。
牡丹吐豔。綠葉少助耳。
按富貴人未必皆富貴命。或行運輔之以成也。反之貧賤人亦然。淘哉孔孟所謂命也運也。運之視命。似屬更不
可强矣。

```
丁卯　五歲　乙巳
丙午　十五　甲辰
庚午　二五　癸卯
己卯　三五　壬寅
　　　四五　辛丑
　　　五五　庚子
　　　六五　己亥
```

此某聞人命也。識者咸云官殺混雜。財官過強為疑。獨以庚生午月。干透丁己為
純粹正官正印之格。殺之混官。是無傷害。木火雖感妙有己土之洩。火生身弱中有
氣全得力於時上正印。宜其溫良恭儉。建樹鞏基昭然為江左聞人。況太君賢德鄉
里咸稱濟苦恤貧。樂而不倦。祖德既裕。母教又足以踵鍾郝而紹陶歐。是更官相印
生之故。懲惟火旺無水。似嫌亢炎。故名高利淡。積勞屢逸。早年多木火運。備嘗困阨。壬運以來一路金水。百尺竿頭蒸
蒸日上。兼以所經營者多金水商業。更宜如月之恆。如日之升矣。刻在己運。仍其奮鬥。七十歲之亥運。庶境餘甘再後

戊運康強逢吉老當益壯豐厚境遇不讓於前當以社會事業光輝國史也戊運化火明哲保身享受考終而已

戊子　九歲　甲子
癸亥　十九　乙丑
庚寅　二九　丙寅
庚子　三九　丁卯
戊寅　四九　戊辰
戊寅　五九　己巳

上爲洗冠生大實業家命造洗先生赤手創辦冠生園由狹而廣所製糖果餅乾現已媲美外貨挽回漏卮不可勝計其精神既屬可敬其宗旨更屬可欽因由薛君介紹來詢休咎於余余簡爲批曰庚金生於初冬水令地支水木林立財重身輕得力於時上戊土之偏印制水幫身功莫大焉自必毅力勝人思想銳敏巳往之運泰半屬火生土而暖金故如枯苗得雨勃然興之又如疾風勁草再接再屬四十九歲交進戊運幫助用神後來居上更可翱翔雲天卓立偉業辰運亦有喜無憂巳運稍遜夕陽雖好紅不多時矣

辛亥　九歲　庚寅
辛卯　十九　己丑
庚子　念九　戊子
庚辰　卅九　丁亥
　　　四九　丙戌
　　　五九　乙酉

上爲千里自造識者咸謂憾於無火然春金固非當令乏土之生則且無根緃天干庚辛林立子平眞詮云得三比屑不如得一長生祿刃可見徒多比刻而日元無氣非是眞强又亥卯會成木局子辰會成水局水與木皆有挫於金乎火能榮金有火固可顯達無火則一寒儒而已然寒弱之金逢巨火則不勝其剋或且因貴顯而惹禍殃此孔子所謂過猶不及者是也若云水木兩局財星甚旺亦滴天髓所謂何以其人富財氣通門戶者歟無如身不任財難免富屋貧人之譏正合我今日之筆耕終夕硯田枯澀者也然則富貴者每遠過於身弱自韜養矣當以身强之命與身弱之命相較同走好運同處美境而其速率與份量大相懸殊身不過爾爾終其身不過少濟亥運伏櫪丙運以下老更無爲矣進一步子運恐阨於病但蓋頭屬戊當無生命之危丁運查行運方今至丑字尚屬順利將來戊字或更

戊子　十五歲　丙寅
乙丑　廿五　丁卯
辛丑　卅五　戊辰
　　　四五　己巳
　　　五五　庚午
　　　　　　辛未

鄭正秋先生經才緯抱四海知名其於戲劇及電影不過寄情抒懷效生公之說法予世人以鍼砭而已頃以囂耗傳來大雅云亡不勝人琴之慨爰乘本誌付梓之際特批其命藉誌哀悼余與先生由詩文之酬酢交締忘年先生最信余課遇重要

壬辰　六五　壬申

機密輒委占六壬時蒙以有為期許拳拳注彌殷每揭其芝光聆其蘭語恆令人一往
情深不能自己查先生之命造辛誕寒冬疊逢重土威水既患寒濕又兼柔弱所以質同瀟柳未老先凋早年丙寅丁
卯等運東南濟美學冠羣英追交戊辰重土審劍飄零風塵潦倒己運亦未償宿貧己庚兩部一火一金方見飛騰何
期歲逢乙亥月遇癸未亥子丑會北方癸水又助濕丑未再冲勤哲人遽蒌社會上又失一急公好義學養俱深之俊
彥能不長歌一哭乎

甲午　八歲　戊寅
丁丑　十八　己卯
辛酉　念八　庚辰
　　　卅八　辛巳
甲午　四八　壬午
　　　五八　癸未

周信芳君藝名麒麟童具雋才為劇界全能稱梨園宗匠余視其命造財殺兩強。
而以日坐比祿月得印綬為根第日主較弱不堪任財任殺所以富貴非願絃歌寄
情仗義疏財安貧潔己然支中土金重重可以幫身是謂明病暗藥宜其一曲風傳
萬人擊賞殊非尋常優孟可與同日而語也再核運程庚辰辛一派土金盛名勿替
明年進巳字三合金局樓臺更上。四十八歲後壬午十年側重財殺恐多糾紛而宜儉飛知選矣

辛卯　七歲　己丑
庚寅　十七　戊子
辛巳　念七　丁亥
戊子　卅七　丙戌
　　　四七　乙酉
　　　五七　甲申

此造前當軍官行運走至亥字流年為綁匪戊辰冬令奉判徒刑十三年現尚繫獄
團圍生涯殊形艱困余視其命無甚破敗覺百思不解客窗無俚重溫滴天髓見
有載天覆地人為貴順則吉令凶由悖二語始恍然大悟蓋此命年柱辛金尅卯木
月柱庚金尅寅木時柱戊土尅子水日柱巳火尅辛金干支覆載悖逆剌謬雖幫身
眾多而財食無能為力所賴巳火制金身強用官運至亥水適冲巳火固宜墮落人格甘為盜蹠丙運戊辰年土重如
崩縲絏羈身前程斷送夫又何疑耶

辛未　十六歲　癸卯
壬寅　廿六　甲辰
壬寅　卅六　乙巳
丁申　四六　丙午
　　　五六　戊申

離婚之風日盛夫婦之道愈乖壬申初春有王姓婦者囑評其夫君命造據謂溺
情聲色流連博弈外宿多日輒不一歸婦備受精神痛苦擬與他離余曰辛金雙見
壬寅又值春木萌動財多身弱幸時上己土納水生金又得丑未之根救弱主而任

財夫雖陽氣已動節候尚寒土金均無暖氣未中之丁。見鑫於五內之癸寅中之丙。

己丑　六六　己酉

丁丑　三歲
戊寅　十三
己卯　念三
庚辰　卅三
辛巳　四三
壬午　五三

儒服于干頭之壬八字尚欠精神自然之理也乙運乙己之冲己土用神受損宜其如無鞍之馬無楫之舟隨波逐流

從人徵逐而莫由自主試問貴夫子是否念六歲起迷沉淫樂耶婦曰然余曰是庸何傷三十一歲歲尾達足巳運火

來欣發熾昌康泰是應發揚蹈厲不振家聲認定正途悔悟前非則賢伉儷和好如初齊眉偕老癸必一時不克忍耐

乎婦乃暢意滿興辭而退後果應驗余斷婦又詢余伊夫之後運如何余曰三十六歲以下丙午丁運三尤佳後來

居上快哉快哉。

近世談命者。凡見日干與他干相合。動輒以化氣格論。不知假化則庸俗無奇。真化則談何容易書云化之真者名曰化之假者異性孤兒可見化之貴乎真也。

上為宜陽縣政府張時甫先生命造夫丙辛之合。時在嘉冬可以化水壬水元神透出尤為純粹。丑辰皆濕土不能剋水。祇可蓄水當不為病。是乃化格之真者雖不必

甲辰
丙子
辛丑
壬辰

為名公鉅卿。要非池中物也。早年運都屬土鄉。一眉行運三十三後庚運之生水。辰運辛運之化水。水飛騰上

進。詎可限量。巳運土金並藏瑕瑜互見。壬運助格尤見燦爛午運被子水冲拔夕。陽在山為時不久矣。張君遙聞余名。

通函囑評其造。余以其化格清純殊不多覯前程當必大有可觀。故特誌之以視將來。

戊辰　三歲　己未
戊午　十三　庚申
辛丑　二三　辛酉
戊戌　卅三　壬戌
　　　四三　癸亥
　　　五三　甲子

此造產生甫經匝月即遭夭折初視之殺印相生不似殤孩。然賈童厚土埋藏脆

嫩之金五行無木未得疏揚之利一重午火缺未之晦更無能為力滴天

髓所謂氣濁神枯者是也渠父於產後即囑余推算並欲選一湯餅之期余謂之曰

近則己未月遠則己巳年士勢猛烈闌擱玉折堪為憂慮後果於六月病亡誠哉命

有定數不可強也客歲又見一命與此造類同惟為甲午時土有木疏宜其聰穎堅強然未來辰運之冲甲殊屬不利

姑視其後竊恐亦非壽徵耳

韋氏命學講義　千里命譚

此為杜白先生之命杜先生供職郵局客歲從余學命一年來頗見猛進近蒙討
論其本命之喜忌余曰辛生冬尾春前四支皆土時座戊則更不免土重金埋年
頭甲木足可制土何奈丁火晦鄰洩木生土病根深矣自喜水之剋丁木之疏土而
獨忌火土之助虐逢金雖傷甲木但能幫身稍解母旺子虛之苦不作劣論一生以

甲辰　二歲　戊寅
丁丑　十二　己卯　庚辰　辛巳
辛未　念二　辛巳　壬午　癸未
戊戌　卅二　壬午
　　　四二　癸未
　　　五二

庚辛運足可溫飽壬運合丁如鴻毛遇風飄然而舉枯苗得雨勃然而與巳午運生土堪憂幸蓋頭辛壬天不困人
瑕瑜互見而已三命通會載有一舉人命為甲寅丁丑辛未戊戌與君造僅差一字緣甲坐寅位財較得力制土功深
所以有刺謬之別矣然亦以丁火為病故功名止於孝廉不能再進官階也

癸巳　七歲　癸丑
壬辰　十七　壬子
甲寅　念七　辛亥
庚子　卅七　庚戌
　　　四七　己酉
　　　五七　戊申

俗有所謂早子時夜子時之分別者乃以晚間十二時前為本日之夜子時十二
時後為次日之早子時此論歷法則或可論命則萬不可考歷譜之稱夜子時蓋
衰明節氣之交換在於子時之初（十二句鐘之前）也故祇有夜子初幾刻幾分

從未言及夜子正幾刻幾分子時既正固無所謂夜矣可見夜字者僅包括子時之
前半耳後人訛以夜子時為本日之子時早子時為下一日之子時且又憑之論命無怪有毫厘千里之差矣今以黃
君之命舉為例證黃君生於光緒十九年正月初七日晚間十一時半乃屬辛卯日之夜子時八字排列如上壬日坐庫時落厨子年上見癸
生扶者眾不以弱論況在初春壬水餘威未失乃喜木之洩秀火之欣發達土剋制亦不為畏故四十二歲前一派金
水運浮沉宦海粟碌無善位不過科員祿程不過百金去歲交入戌運流年亦為戊戌是燥土有鎮水及溫照之功宜其
擢升科長明歲卽逢丙丁戊己流年雲程更上當敢預卜未來臆斷固不可盡信巳過之事却已應驗乃有人堅謂
是年正月初七為辛卯日晚間十一時半乃屬辛卯日之夜子時八字應為癸巳甲寅辛卯戊子然命局財多身弱逢何
以前行庚辛幫身運一籌莫展更何以去年甲戌身弱逢財忽得良遇往事皆無可符者豈可據以為信乎倘更質以
誠如君言則是日上午零時二十分與晚間十一時半所生者皆為辛卯日戊子時距離有十一個鐘點之差而八字

竟完全相同寧有是理耶不如彼將何以答我（按此篇曾發表於時代日報命學講座施接蘇州紫蘭巷十三號朱

傲骨先生來函謂夜子時理應曰用今日時用明日蓋基於星平大成所謂今日之夜非明日之早也並蒙將黃君八

字改爲癸巳甲寅辛卯庚子又加評論曰庚爲幫身甲庚交戰財已刼去是以不作財多身弱論庚運刼財逢刼奪

粟磔固宜去年歲運俱成戌爲陽土爲正印土生金財逢印以遷官擢升科長又何疑乎窮通寶鑑云春月之金餘寒

未盡性柔得土生乃妙謹此照錄如上以待高明揣究）

庚申　二歲　　己丑
戊子　十二　　庚寅　辛卯
壬子　　　　　壬辰
辛亥　　　　　癸巳
　　　　　　　甲午
六一　五一　四一　三一　二一　乙未

此王某之命也自幼迄今胼手胝足備役於余友秦贊臣家未嘗娶妻子然一身

幸侍主忠誠故爲秦氏三代蒼頭健奴余因好奇曾視其命造乃壬水生於仲冬三

逢祿旺所謂崐崙之水可順而不可逆月上戊土惶惶子立既不足以制水反又激

水之怒庚辛兩金洩土生水尤足爲病是眞身旺無依老健徒苦而已四十七歲前

一派金水運不轉溝壑而得溫飽已爲徼天之幸巳運以還運轉東南木火應見起色據云三十年來巳積蓄二千餘

金且勤勞如故其志可嘉明年換入申運申之助水更形泛濫保身以沒意中事也

有具名雁峯飄流客者寫書與余告余本埠南市某家姓有一青衣婢同日產生

三孩初落地者爲女嬰（其命排列如上）次乃男孩八字爲乙亥己卯壬午丙午再

次者亦屬乾麟四柱爲乙亥己卯壬午丁未並囑余推評優劣余特簡覆曰女命傷

官太重官星無力又乏傷綬以制官保身一無可取本年乙亥傷官更屬恐卽夭殤

乙亥　十一　庚辰
己卯　念一　辛巳
壬午　卅一　壬午
癸卯　　　　癸未
　　　　　　甲申
六　五　四　三　二　一　乙酉

蓋夢幻泡影而已次生男造傷官得祿於卯月正官得祿於午時更喜時上丙財洩木生火週旋於傷官正官之間應

作從財格論走火土運不爲忌僅子運沖午稍形不利再次之男命乃交互得祿且爲純粹化木之格八字無金行運

又無金大貴之徵將來積學深造出冠多士正如馬蹄春風長途萬里之才也三命較量次出之命較首出爲優後出

之命更較次出爲優儻所謂後來居上者非耶

甲辰　　二歲　十二　己丑
丙子　　　　　念二　戊寅
　　　　　　　卅二　己卯
壬寅　　　　　四二　庚辰
　　　　　　　五二　辛巳
辛亥　　　　　六二　壬午
　　　　　　　　　　癸未

上為摯友王君命造十七歲來滬就學金業十九歲憤師友歲之苛束自營標金。
廿三廿四兩年盈財五十餘萬茲巳息影家園素封矣視其八字洵不偶然蓋壬
水生於仲冬羊刃當權年月木火失令似屬凡庸所妙日支為寅時支為亥乃木火
之生地且寅亥合則木火之氣愈貫子辰會則食神反得生扶滴天髓所謂何以其
辛等運每況愈下還防波折萬不可再圖徼倖巳運則敷演家聲發揚蹈屬有更上層樓之可能謂余不信請觀其後
三丙寅廿四丁卯兩大火年以濟其美自宜點金有術一躍致富卯運以來流年平滯不過保持仍舊而巳此後庚辰
人富財氣通門戶是也巳往寅運包藏一甲一丙發軔雲程立志卓犖固非常人所能望其項巳運中逢廿

癸酉　　八歲　十八　己未
庚申　　　　　念八　戊午
壬子　　　　　卅八　丁巳
辛亥　　　　　四八　丙辰
　　　　　　　五八　乙卯
　　　　　　　六八　甲寅
　　　　　　　　　　癸丑

此命為兩行成象蓋庚辛申酉西方金壬癸亥子北方水金水各居其半兩行相
停無火土混淆益以壬祿在亥庚祿在申癸祿在子辛祿在酉又稱交祿互稱高位崇
王元鼎囑余推評余曰當必仕宦中人決非凡俗一流其清純無疵亦且權高位崇
廉潔有政聲漢代循吏不是過也余因詢之王君笑而應之曰
先生言之誠是惟其姓名怨守祕密必衰衰諸公政界翹楚之一耳攄聞四十歲前粟碌鮮祥辰運後方見風雲際
會蓋早年一派火土運火之尅金土之尅水大悖於格自屬坎坷迨辰運之會成水局乙卯甲三運木之洩秀宜其平
地聲雷登龍門而名高葦重庚驥足以氣吐揚寅運沖申雖有亥合終屬不利幸勿戀棧早退林泉為妙

癸巳　　一歲　乙卯
丙辰　　十一　甲寅
壬申　　念一　癸丑
癸卯　　卅一　壬子
　　　　四一　辛亥
　　　　五一　庚戌

此為前中央研究院院長楊杏佛先生之命考其辰月壬申日並得生地庫地夫
又癸水雙透身強有餘應用丙火之財而巳為丙祿卯為丙母財有淵源胥賴乎此
一代文豪且為文官固其宜也蓋命局和靜病藥停勻身分超拔若合符節四十一
歲交辛運辛來合丙流年復逢癸酉酉更沖卯一片汪洋用神盡拔故不免為人狙
擊亦猶博浪沙終良可惋惜以前壬運癸亥年亦滿盤是水乃得康莊平坦誠使人百思而不解然進而思之巳亥雖

冲。究輕於卯酉之冲。則益信用神之祿冲去猶可。用神之母萬不可冲。是又增我一番經驗矣。

此蔣邦彥先生命也。蔣君幼年窮困。勤學無遺。嘗會蟄聲早登鄉榜。壬運入仕版。

歷膺浙江財政廳長溫州關監督等使命。甲子年後。隨張宗昌服官督垣執掌財權。

庚辰　八歲　庚辰
己卯　十八　辛巳
壬寅　念八　壬午
辛丑　卅八　癸未
　　　五八　甲申
　　　　　乙酉

擁資數百萬。迨宗昌失敗。同避日本。戊辰年甲子月。被宗昌遣人潛殺于寓邸。夫壬
日春生寅卯辰會起木局。木多水縮爲患。自取庚金爲用。賴其生水制木也。以言格
局。乃傷官用印耳。春金殿而無力。萬不可逢火。幸不見財星。印無傷害。天干己庚辛壬。地支丑寅卯辰。金水聯珠一
氣。精神飽滿。皆爲貴徵。顯赫一時。固所宜焉。壬運比肩幫身。故爲發軔之始。以後僅午運稍遜。癸未運不惡。甲運敵庚
戊辰年本爲七殺助印。乃憍於運君甲木之剋。甲子月甲又剋戊。自難免懼凶禍。按此年正月甲寅巳有死亡之可能。
雖幸而越過。至甲子月終於戕身慘斃。可見命有前定不可挽也。

丁亥　八歲　癸丑
壬子　念八　甲寅
壬午　卅八　乙卯
庚子　四八　丙辰
　　　　　丁巳
　　　　　戊午

客有述發橫財事者。流俗心理。娓娓動聽。余因憶及二命焉。一即上列女命。壬水
得祿旺於亥子。亦且水歸冬旺。身主強健。丁午兩財既衰弱無根。又受冲受合乃不
類。富有之人。然行運多木火。東南之暖足以濟命局西北之寒。故處境裕如。夫子並
榮。尤以丙運丙寅年。木火根深。財星旺極。財得上海跑馬香檳頭獎。

現又有一命。爲丁未癸卯癸亥乙卯。或媚其旺生財必富。無疑余言。蓋渠於丑運丁卯年曾中萬國儲蓄會頭獎。終以木火太旺。財
非金水。歲運既遭回祿。又臥病二載。所得不償所失。直至二十三歲交庚運。始見順利。癸酉年又是金水幫身。是
多身弱。富非應毛得助方可積玉堆金。其人極信余言。間獨得謂癸水不任衆木。求富大難。抑或因財致禍。無
以十謀九成。且於冬季得中航空獎券之分條頭獎。今已小康。雖仍依人作嫁。然時作公債投機。動獲巨利。精神愉快
遺勝於一般大資本家云。

庚午　四歲　甲申

上係蕭山金伯平先生之三公子德潤孩造。壬日坐午。號曰祿馬同鄉。言其有財

一八六

癸未
壬午
辛丑

　　十四　乙酉
　　念四　丙戌
　　卅四　丁亥
　　四四　戊子
　　五四　己丑

庚辛兩運恐有不利。

學讀書最利行運。自酉字起至亥字止。俱臻佳妙。戌運平平。子運辛刃逢冲。家口多疵煩。骨肉有刑傷。己丑子二年上……

有官也。生於立秋前十日。巳值己土用事。官臨旺地。印綬透天干。正財伏生。兩午財官。印三奇俱全。酉上乘之命也。未月壬水力本薄弱。今有癸水歸庫於辰。金剋財透干。剋削極重。乙亥丙子二年上……弱矣。宜於政界立身。位高檔重。收入亦豐。但剋財透干。剋削極重。乙亥丙子二年上……

孫傳芳死矣。世之論其功過者。噴有煩言。無須再贅。惟既放下屠刀。皈依三寶。仍……

庚辰
乙酉
庚辰
壬寅

　　五歲　己卯
　　十五　戊寅
　　念五　丁丑
　　卅五　丙子
　　四五　乙亥
　　五五　甲戌

不善終莫非命也。亦為吾人所急欲研究者也。夫壬水歸庫於辰。金凡三見。乙木合去。金水佔優。以身強論。己土之官助印有餘。應棄而用寅內丙財賴其破。印並以為妻張耳。盛於丙運用神得助也。敗於子運之末。用火忌水也。乙運以還。印以為妻張耳……

寂然無聞。亥運合寅奪丙。每況愈下。本年乙亥。再逢十月亥建。三亥交攻。用神潰敗。殺人者終被人殺。夫復何疑。

庚辰
乙酉
庚辰
壬寅

　　十歲　丙戌
　　二十　丁亥
　　三十　戊子
　　四十　己丑

庚子
庚申
癸卯
癸巳
己巳

　　八歲　丙戌
　　十八　丁亥
　　念八　戊子
　　卅八　己丑
　　四八　庚寅
　　五八　辛卯
　　六八　壬辰

此造為從強格。蓋秋金當令。乙從庚化。辰從酉化。時落庚申卯。被冲剋或略見財星。是金癸水得其生。命書所謂二人同心是也。所貴者五行絕火而為純金。或見財星。即是印重身輕之命。一線之差。判若天淵。論命之難。於此可鑑矣。刻走寅運。更盛卯運。必驥足難展也。(某財長造)

上係寧波和豐紗廠經理凌伯麟先生庚造。命書所載。癸巳日坐向巳宮財官雙美。則人生於癸巳日元。無有不富。而且貴者。其實要四柱看。未可以一概論也。本命癸水生於白露之後。正值秋金司令。偏印用事年。上透出庚金正印。而乙木助之年。支比肩又是祿堂。總觀癸水日干。有如許擁護之神。則弱而不弱矣。本命取格取用。

有以歲祿用官。或取時上七殺。細按之年祿固不足以言格。時殺亦難免偏激。以印綬化殺最為確當。柱中金水兩旺。

上列庚造，係福州南台王世昌先生，上年郵寄，將清渠先生推評，今蒙開示，謹陳管見於後。癸水生於申月，金白水清秀而無比，依滴天髓通源論而推，年上庚金為發源之地，流通至時上丑而止。最可喜者，月干甲木能運動水氣，能生火以調和金氣。四柱地支，子申半會水局，酉丑半會金局，滿盤金水，若無甲木透出天干，則金水混濁不清耳。正印用傷，別無可覘，君之門第清高，材藝聯衆，可斷言也。庚寅運亦許順境，壬辰運有礙。行運己丑十年，上下皆殺，一帆風順，平步青雲，名利崇隆，攸往咸宜也。庚寅坐下酉宮偏印，必偶能家之婦，三槐流香。可覘其性極喜動，但有己未兩土堤防，故動而就範，宅心正大，姿質靈敏，殺印透干，宜乎幼年經管紗廠，振興實業。行運戊子稍差，己丑庚辛大吉大利，莫嫌老圃秋容淡，霜葉紅於二月花。

四柱	大運	年歲
庚子	乙酉	五歲
甲申	丙戌	十五
癸酉	丁亥	念五
癸丑	戊子	卅五
	己丑	四五
	庚寅	五五
	辛卯	六五

黃玉麟先生，以皮簧聞於時，藝名綠牡丹，亦擅書畫，瀟洒儒雅，誠為梨園雋品。前以蘇君之介，囑評其命。余曰：戊癸相合，既見丙丁，又得巳午未，而當榴火舒紅，槐蔭結綠之候，乃純粹化火之格，宜其慧質天生，學無不精，豈平常優盂可堇其項背哉。一生行運，應以卯寅辛三部最為醇美，惜少土運，否則土之洩秀，尤為出色。當行辰丑為濕土，中含癸水，有悖於格，瑕瑜互見而已。或詢余何方為宜，余曰：既化火成土，自莫妙於南國，黃君領首者再。據謂曩歲鬻藝雲南，賣座最盛，座價漲至八元奇，勢將媲美梅博士之歐遊，足可豪矣，然得地利之宜，亦與有功焉。

四柱	大運	年歲
丁未	乙巳	三歲
丙午	甲辰	十三
癸巳	癸卯	念三
戊午	壬寅	卅三
	辛丑	四三
	庚子	五三

上係安徽某經理謝君八字，癸水生於戌月，巳近黃土當權，土尅水為正官。年支辰土又是正官，時上辛酉，干支皆金，金生水為印，則局中有官有印，理當飛黃騰達，宦海航行。而今屈居市廛，經理貨物為事，寄人籬下，辛苦萬狀。厥故維何，要知官星宜露，露則清高。今辰戌之官與官自起衝突，二也。官既不透，而與官作仇之傷官加蓋兩官之上，三也。有是三者，宦海無緣，乃致朝奉頭衛加於身上矣。本命傷官透露英華

四柱	大運	年歲
甲辰	乙亥	九歲
甲戌	丙子	十九
癸未	丁丑	念九
辛酉	戊寅	卅九
	己卯	四九
	庚辰	五九
	辛巳	六九

外發作事精明。涉足近東南爲妙。往往家離祖基。相宜行運以戊寅己卯大佳。

丙申　九歲　甲午
癸巳　十九　乙未
癸亥　念九　丙申
甲寅　卅九　丁酉
　　　四九　戊戌
　　　五九　己亥

此天津人李君之命。君恆角逐於跑馬場中。嘗得香檳頭獎。平日博弈。亦勝多於負。其營業所得之薪酬。僅敷支出。跑馬所盈者。乃獲豐積。或羨其賭運亨通。以余視之。不過命局安頓。財星得用而已。蓋癸日甲寅時。傷官得祿。丙年巳月。偏財得祿。傷財生而流通。美滿極矣。妙有亥水帝旺。癸水比肩。申金正印。協力扶身。乃致身主不弱。堪任其財。尤妙寅亥既相合。巳申又相合。亂中見靜。若不流連於跑馬。而致力實業。亦未始不可富擬陶朱。財比狩頓。前運皆屬木火。宜其不勞多獲。後運丁酉。財印之鄉。亦能日進斗金。利源四溢。李君勉乎哉。按寅申巳亥本爲四冲。因其地位置適當。由冲而合。以余經驗所得。此等四柱。不在少數。然再逢寅申巳亥之一字。即爲冲散全局。不以美論。聞李君在申運內。財雖無所盈虧。然家庭多故。殊苦精神之創痛焉。

余曾於友人家得視此造。爲印重身輕。但僅不良於行。體格尚健。茲巳魁梧奇偉。

庚申　十歲　乙酉
甲申　二十　丙戌
癸卯　三十　丁亥
　　　四十　戊子
　　　五十　己丑
　　　六十　庚寅

有成人氣象矣。夫癸水生於孟秋。重金五見。寶鑑所謂金多水濁。亦滿盤濁氣耳。甲卯兩木。既失時失勢。豈能週旋於刀鎗劍戟之中。命局偏枯如是。益以兩歲辛酉年。冲去卯木長生。陰金陽金會合。其遭殘疾宜矣。設非跛足。殃禍之變。或有更甚者。刻

走酉運以戊寅年最凶。丙運以下。雲開見日。錦繡前程。未可限量。

庚辰　六歲　庚寅
己丑　十六　辛卯
癸丑　念六　壬辰
乙卯　卅六　癸巳
乙卯　　　　甲午
　　　六六　乙未

上爲毛希蒙先生庚造。毛先生久歷軍旅。勛猷卓著。上年代理定海縣公安局長。勤求民隱。整飭更隆。夫癸丑日元。生於立春前十五日。值己土用事。乃七殺月。支丑宮藏本氣己土。及辛金偏印。殺印同根。月令是爲有情。又殺印同透天干。是爲有力。殺印相生有情而兼有力。貴格也。辰爲水庫扶助日元。內有官食同宮。則官受制而不混殺。殺格愈清。乙卯食神得祿。制殺尤力。惜卯逢旬空。略爲減色。覘其足智多謀。佐治民事。統率軍旅。皆足以

韋氏命學講義　千里命譚　卷十

衛國定邦非偶然也。行運最忌財鄉，巳運有破財之虞，現行午運官聲可振，而阿堵物仍難有綠，乙未運大佳，丙運財來壞官，危如纍卵。

乙未　甲申　癸巳　丙辰
三歲　癸未
十三　壬午
念三　辛巳
卅三　庚辰
四三　己卯
五三　戊寅

漳州中央銀行總理陸維屏君，精研命理，嘗示余二造八字相同，惟年支日支易位而巳。一即陸若本人之命（排例如上），一乃其友廈門交通銀行某君之造：乙巳、甲申、癸未、丙辰。余曰：癸水生申月，母強子健，為水之餘氣，巳申又化水，身不為騎，甲乙丙並透，則木火金水相停，惟君造坐巳，巳內有庚金，日主較強，貴友坐未，未為燥土，並中藏木火，日主較弱，所以有異者，君喜逢木火，貴友喜遇金水，援諸行運都金水蓋頭，以論環境，或君不如貴友耳。陸君唯唯而退。

己酉　己巳　癸酉　戊戌
三歲　戊辰
十三　丁卯
念三　丙寅
卅三　乙丑
四三　甲子
五三　癸亥
六三　壬戌

上係餘姚縣民生工廠朱聯泉廠長之造，祖業甚豐，賦性篤厚，殊為就地士紳所推戴。夫癸酉日元生於立夏之後，值火土當權，財官用事，月令星透天干，理取官星為用，財印為輔，不料兩位七殺年月盤踞，大有官殺混雜之嫌，書曰官殺混雜制殺為福，令四柱不見食傷，制殺無物，妙有印綬化殺，則官乃純，立身政界，名譽隆崇。運途以寅運及乙丑運俱順境，甲運稍差，子運亦利，癸運分官欠吉。

戊戌　戊午　癸酉　戊午
九歲　丁巳
十九　丙辰
念九　乙卯
卅九　甲寅
四九　癸丑
五九　壬子

此乃某妓命造，幼孤為娼，廿五歲後恃某顯官遷室，詎以不知自愛，戀一伶人，終被顯官所黜，茲則伶亦絕裾斷交，娛二養女仍操故業。夫癸生午月，財官並旺，惟天干三透戊土妬癸水，日主用情毫無定見，自是水性楊花，張三李四，坐下剋刃，足以幫身，苦無印綬，終如飛絮浮萍，飄流無定。查早年多火運，何善可陳，辰運沖開水庫，宛若雲開見日，惜乙卯運洩身生財，祇如曇花一現，不免重作馮婦，以後甲寅運木土爭戰，不堪言狀，寅運之會成火局，且恐不祿矣。

韋氏命課叢書

無師可以自通　決疑不必求人

增訂命學講義

此書爲韋先生教授遙從弟子而編著，淺顯詳明，最利初學，而搜羅之廣，取材之嚴，尤宜于研究有素者，備爲參考之用。

精選命理約言

陳素庵原著，清朝第一命書，茲經韋先生去蕪存菁，並加註解釋，改編重印，益覺生色，闡發命理，皆道人所未曾道言，人所不敢言，別開生面，另成一格。

增訂千里命稿

韋先生之批命久爲世重，此書載有實驗八字數百則，自達官貴人，至販夫走卒，應有盡有，學理精微，尤堪流連欣足，爲研究命學之借鏡，文句藻麗，風格妍雅，

增訂六壬祕笈

韋先生占課決疑，應驗如神，素有六壬聖手之譽，爰以經驗所得，編成此書，闡述六壬原理及斷法，條分類析，而得入門，無師自通，詳盡無遺，雖初學亦可潛心研究，決疑有道，茲已再版，內容更較前豐富。

賞。

上海南京路大慶里韋氏命苑發行　國內各大書局均有代售

中華民國二十七年七版

增訂命學講義 全一冊

（平裝紙面定價國幣八角）

（外埠酌加郵費）

版權所有

翻印必究

上海南京路大慶里 韋氏命苑發行

（國內各大書局均有代售）

著述者 韋 千 里

出版者 韋 千 里

32	命學探驪集	【民國】張巢雲	
33	澹園命談	【民國】高澹園	
34	算命一讀通——鴻福齊天	【民國】不空居士、覺先居士合纂	發前人所未發　稀見民初子平命理著作
35	子平玄理	【民國】施惕君	
36	星命風水秘傳百日通	心一堂編	
37	命理大四字金前定	題【晉】鬼谷子王詡	源自元代算命術
38	命理斷語義理源深	心一堂編	稀見清代批命斷語及活套
39–40	文武星案	【明】陸位	失傳四百年《張果星宗》姊妹篇　千多星盤命例　研究命學必備
相術類			
41	新相人學講義	【民國】楊叔和	失傳民初白話文相術書
42	手相學淺說	【民國】黃龍	經典　民初中西結合手相學
43	大清相法	心一堂編	
44	相法易知	心一堂編	
45	相法秘傳百日通	心一堂編	重現失傳經典相書
堪輿類			
46	靈城精義箋	【清】沈竹礽	
47	地理辨正抉要	【清】沈竹礽	
48	《玄空古義四種通釋》《地理疑義答問》合刊	【民國】沈瓞民	沈氏玄空遺珍
49	《沈氏玄空吹虀室雜存》《玄空捷訣》合刊	【民國】申聽禪	玄空風水必讀
50	漢鏡齋堪輿小識	【民國】查國珍、沈瓞民	
51	堪輿一覽	【清】孫竹田	經典　失傳已久的無常派玄空
52	章仲山挨星秘訣（修定版）	【清】章仲山	章仲山無常派玄空珍秘
53	臨穴指南	【清】章仲山	門內秘本首次公開
54	章仲山宅案附無常派玄空秘要	心一堂編	沈竹礽等大師尋覓一生末得之珍本！
55	地理辨正補	【清】朱小鶴	玄空六派蘇州派代表作
56	陽宅覺元氏新書	【清】元祝垚	簡易・有效・神驗之玄空陽宅法
57	地學鐵骨秘　附 吳師青藏命理大易數	【民國】吳師青	釋玄空廣東派地學之秘　空陽宅法
58–61	四秘全書十二種（清刻原本）	【清】尹一勺	玄空湘楚派經典本來面目　有別於錯誤極多的坊本

心一堂術數古籍珍本叢刊　第二輯書目

一

編號	書名	作者	提要
148	《人相學之新研究》《看相偶述》合刊	盧毅安	集中外大成，無不奇驗；影響近代香港相術名家
149	冰鑑集	【民國】碧湖鷗客	各家相法精華、相術捷徑、圖文並茂附名人照片
150	《現代人相百面觀》《相人新法》合刊	【民國】吳道子輯	失傳民初平相學經典二種 重現人間！
151	性相論	【民國】余晉龢	失傳民初白話文相術書
152	《相法講義》《相理秘旨》合刊	韋千里、孟瘦梅	民初北平公安局專論相學與犯罪專著（犯罪學大家韋千里經典、傳統相術秘籍精華
153	《掌形哲學》附《世界名人掌形》《小傳》	【民國】余萍客	命理學大家韋千里經典、傳統相術秘籍精華
154	觀察術	【民國】吳貴長	圖文并茂、附歐美名人掌形圖及生平簡介　可補充傳統相術之不足
堪輿類			
155	羅經消納正宗	【明】沈昇撰、【明】史自成、丁孟章合纂	失傳四庫存目珍稀風水古籍
156	風水正原	【清】余天藻	●●純宗形家，與清代欽天監地理風水主張大致相同
157	安溪地話（風水正原二集）	【清】	
158	《蔣子挨星圖》附《玉鑰匙》	傳【清】蔣大鴻等	窺知無常派章仲山一脈真傳奧秘
159	樓宇寶鑑	吳師青	陽宅風水必讀、現代城市樓宇風水看法改革
160	《香港山脈形勢論》《如何應用日景羅經》合刊		香港風水山脈形勢專著
161	三元真諦稿本——讀地理辨正指南	【民國】王元極	被譽為蔣大鴻、章仲山後第一人
162	三元陽宅萃篇	【清】高守中 【民國】王元極	內容直接了當，盡揭三元玄空家之秘
163	王元極增批地理冰海 附 批點原本地理冰海	【清】	
164	地理辨正發微	【清】唐南雅	極之清楚明白，披肝露膽
165–167	增廣沈氏玄空學 附 仲山宅斷秘繪稿本三種、自得齋地理叢說稿鈔	【清】沈竹礽	玄空必讀經典！附《仲山宅斷》幾種鈔本及批點本，畫龍點睛、披肝露膽，道中刊印本未點破的秘訣
168–169	巒頭指迷（上）(下)	【清】高守中 【民國】王元極	圖文并茂：龍、砂、穴、水、星辰九十九變，幾無幽不顯之妙
170–171	三元地理真傳（兩種）（上）(下)	【清】趙文鳴	蔣大鴻嫡派真傳張仲馨一脈二十種家傳秘本、宅墓案例三十八圖，並附天星擇日法，淺顯易讀
172	三元宅墓圖 附 家傳秘冊	【清】尹貞夫原著、【民國】何廷珊增訂、批注	
173	宅運撮要	【民國】尤惜陰（演本法師）、榮柏雲	撮三集《宅運新案》之精要
174	章仲山秘傳玄空斷驗筆記 附 章仲山斷宅圖註	【清】章仲山傳、【清】唐鷺亭纂	無常派玄空不外傳秘中秘！二宅實例有斷驗及改造內容
175	汪氏地理辨正發微 附 地理辨正真本	【清】蔣大鴻、姜垚原著、【清】汪云吾發微	蔣大鴻嫡派張仲馨一脈三百年來最佳《地理辨正》註解！石破天驚！
176	蔣大鴻家傳歸厚錄汪氏圖解	【清】蔣大鴻、【清】汪云吾圖解	蔣大鴻嫡派張仲馨一脈三元理、法、訣具體泄露
177	蔣大鴻嫡傳三元地理秘書十一種批注	【清】蔣大鴻原著、【清】汪云吾、【清】劉樂山註	三百年來最佳《地理辨正》註解！石破天驚！

心一堂術數古籍珍本叢刊　第二輯書目